예수를 읽다 예수를 담다 예수를 닮다

Writing Jesus · Reading Jesus · Sharing Jesus · Praying Jesus
예수를 읽다 예수를 담다 예수를 닮다

인쇄 2025년 8월 30일 | 발행 2025년 9월 07일

지은이 김은수 | **표지작품** 무제(정현, 드로잉)
기획 편집 루덴스 서추연 | **디자인** 이자현 서하은 | **마케팅** 이강수 한주헌 황서호 전도연
펴낸이 이동숙 | **펴낸곳** 루덴스 | **등록** 제16-4168호
주소 서울시 송파구 송파대로 201 송파테라타워2 B동 919호 | **전화** 02)558-9312(3) | **팩스** 02)558-9314

ⓒ 2025 by 김은수 All rights reserved. Printed in Seoul, Korea.

책 내용의 전부 또는 일부를 재사용하려면 반드시 저자와 출판사의 동의를 받아야 합니다.
잘못 만들어진 책은 교환해 드립니다.

예수를 읽다 예수를 담다 예수를 닮다

김은수 설교집

차례

책 머리에 ·· 6

추천사 ·· 8

01 하나님의 형상을 따라 그 모양대로 ··· 12

02 내가 섬기는 여호와께서 네게 평탄한 길을 주시리니 ············ 28

03 야곱의 축복 ·· 44

04 하나님께 집중하라 ··· 60

05 소제의 규례 ·· 74

06 모세의 축복 ·· 90

07 아! 므리바 ··· 104

08 요단강을 건너다 ··· 120

09 사사 베들레헴의 입산 ··· 136

10 그일라를 구원하라 ··· 150

11 아라우나 타작 마당에서 드린 화목제 ⋯⋯⋯⋯⋯⋯⋯⋯⋯⋯⋯⋯⋯ 166

12 솔로몬 왕의 타락 ⋯⋯⋯⋯⋯⋯⋯⋯⋯⋯⋯⋯⋯⋯⋯⋯⋯⋯⋯ 182

13 보이지 않는 하나님의 군대 ⋯⋯⋯⋯⋯⋯⋯⋯⋯⋯⋯⋯⋯⋯⋯ 198

14 성전 건축 준비를 마친 다윗의 기도 ⋯⋯⋯⋯⋯⋯⋯⋯⋯⋯⋯ 214

15 이스라엘을 흥왕하게 하려는 사람 ⋯⋯⋯⋯⋯⋯⋯⋯⋯⋯⋯⋯ 230

16 주를 기억하고 맞서 싸우라 ⋯⋯⋯⋯⋯⋯⋯⋯⋯⋯⋯⋯⋯⋯⋯ 244

17 믿음의 부모됨을 위한 선한 각오와 결심 ⋯⋯⋯⋯⋯⋯⋯⋯⋯ 260

18 만족과 기쁨의 이유 ⋯⋯⋯⋯⋯⋯⋯⋯⋯⋯⋯⋯⋯⋯⋯⋯⋯⋯ 274

19 나의 중보자가 계시오니 ⋯⋯⋯⋯⋯⋯⋯⋯⋯⋯⋯⋯⋯⋯⋯⋯ 290

20 아픈 상처를 안고 하나님 앞으로 가다 ⋯⋯⋯⋯⋯⋯⋯⋯⋯⋯ 304

도움을 받은 책들 ⋯⋯⋯⋯⋯⋯⋯⋯⋯⋯⋯⋯⋯⋯⋯⋯⋯⋯⋯⋯⋯ 320

책 머리에

기억하라 여호와를! 기대하라 그가 이루실 일을!

이 책은 말씀 속에서 예수님을 만나고,
그분과 함께 걷는 여정으로의 초대입니다.

돌아보면 참 많은 말씀이 저의 마음을 지나갔습니다. 그중에서도 어떤 말씀은 시간의 강을 건너 지금도 제 안에 살아 움직이고 있습니다. 이 설교집은 그런 살아 있는 말씀의 흔적들입니다.

지난 3년 동안 저는 웨스트민스터 신학교가 제공한 '리딩지저스 성경통독 - 그리스도 중심 성경읽기' 여정을 우리 온 사랑의교회 성도님들과 함께 걸어왔습니다. 매주 성경을 읽고, 그 가운데 한 본문을 택하여 예수 그리스도를 중심으로 설교하기 위해 애썼습니다. 창세기부터 요한계시록까지, 성경 전체의 흐름 속에서 우리를 사랑하시는 하나님이 어떤 분이신지, 우리를 찾아오신 예수 그리스도가 누구이신지를 더 깊이 알고 사랑하기 위한 순례였습니다.

이 책에 담긴 설교들은 그 순례길에서 세워진 말씀의 이정표이며, 성도들과 함께 주 앞에 무릎 꿇었던 자리의 기록입니다. 저는 설교를 준비할 때마다 '하나님은 참으로 신실하신 분'이라는 사실을 새롭게 깨닫습니다. 하나님은 아브라함에게 주셨던 언약 그대로, 야곱과 함께하셨던 그 방식 그대로, 오늘도 우리의 삶을 이끌어 가십니다. 우리가 그분의 약속을 기억하고 벧엘로 다시 올라갈 용기를 낼 때, 하나님은 말씀하시고, 만나 주시고, 새롭게 하십니다.

책의 제목 '예수를 읽다 예수를 담다 예수를 닮다'는 '리딩지저스 성경통독'을 시작하며 품게 된 문장입니다. 성경을 읽는 것은 예수님의 뜻과 마음을 읽는 것이며, 읽음으로써 그분을 마음에 담게 되고, 결국 예수님을 닮아가는 제자가 되는 여정을 말합니다.

이 책을 읽는 분들 또한 이 설교들을 통해 하나님을 더 깊이 사랑하게 되기를, 말씀 앞에서 다시 일어나는 은혜를 누리게 되기를, 그리고 그분이 이루실 일들을 소망하며 살아가게 되기를 간절히 소망합니다. 이 책의 설교들은 매 주일 예배 현장에서 전해진 말씀을 바탕으로, 현장의 구어체를 살려 정리했습니다. 읽으시면서 설교의 호흡과 현장감을 함께 느끼시길 바랍니다.

이 책이 나오기까지 한 목회자를 사랑과 기도로 품어주신 온 사랑의교회 성도님들께 진심으로 감사드립니다. 표지의 드로잉 작품을 기꺼이 허락해 주신 정현 집사님(홍익대 조소과 교수)과 이현숙 권사님께도 감사드립니다. 또한 귀한 추천사를 써주신 한규삼 목사님(충현교회 담임목사)과 김태권 목사님(PCM:설교코칭 미니스트리 공동대표)께도 깊이 감사드립니다.

모든 것이 은혜, 모든 일이 감사입니다. 그렇지 않은 것이 없습니다.

'여호와여 우리가 주께 바라는 대로 주의 인자하심을 우리에게 베푸소서 (시 33:22)'

2025년 8월 온 사랑의교회에서

김은수 올림

추천사

그리스도 중심 설교의
실제를 보여주는 귀한 열매

저와 김은수 목사님은 한국 교회에 그리스도 중심의 성경 통독과 그리스도 중심의 강단 설교가 온전히 뿌리내리기를 위해 힘쓰는 동역자입니다. 그래서 김은수 목사님께서 출간하신 그리스도 중심의 설교집은 저에게는 커다란 의미가 있습니다.

많은 목회자들이 설교의 중심에 예수님의 구속 사역이 있어야 함을 알지만 막상 실천하기 쉽지 않은 이유는 실제 사례를 많이 접하지 못했기 때문입니다. 이 책은 이런 필요를 채워줍니다.

그리고 이 책이 더욱 값진 이유는 한 개인의 저술이 아니라 '온 사랑의 교회 공동체'가 생산한 것이기 때문입니다. 강단의 설교가 살아 있는 음성이 되어서 성도들의 마음에 전해지고, 이렇게 뿌리내린 말씀이 그리스도 중심의 교회를 이루어가는 결과물이기 때문입니다. 이 책은 글이 간결하며, 내용이 잘 정돈되어 있고, 나눔 문제가 있어서, 그리스도 중심의 목회를 지향하는 교회에서 활용하기 안성맞춤입니다. 한국 교회에 잘 활용되기를 바랍니다.

한규삼 목사 (충현교회)

추천사

그리스도 중심 설교를 갈망하는 모든 설교자들에게
설교 교과서로서의 귀감이 될 것을 기대합니다

성경은 하나님에 관한 하나님의 말씀이며, 특히 죄인들을 버리지 않으시고 그리스도 안에서 선택하신 하나님의 자녀들을 그리스도의 속죄로 구원하신다는 하나님의 구원 스토리(salvation history)입니다.

그러므로 성경을 그리스도 중심적으로(혹은 복음중심적으로) 읽고 설교하는 것은 너무도 당연한 말이지만, 모든 설교를 실제로 그렇게 하기란 여간 어려운 일이 아닙니다. 비록 설교자 자신의 해석학적(혹은 설교학적) 입장이 그리스도 중심적 설교를 하는 것이라 하더라도 성도들에게 매번 '똑같은 메시지(?)'를 전한다는 것은 대단히 어려운 일이기 때문입니다. 이를 위하여 미국 웨스트민스터 신학교는 '그리스도 중심 성경읽기 리딩지저스' 시리즈의 책을 심혈을 기울여 제작 발간하였고, 김은수 목사님은 그 성경통독 스케줄에 맞추어 자신의 목회 현장에서 매주일 훌륭한 설교를 선포하셨습니다. 이 책은 바로 그런 정성과 노력의 아름다운 열매들입니다.

이 책에 수록된 한편 한편의 설교들은 시대를 초월하는 절대적 진리인 하나님의 말씀이면서 동시에 우리가 사는 현세대에 절실하게 적용되는 말씀들입니다. 치밀한 말씀 연구를 통한 탄탄한 성경 강해의 바탕 위에서, 삶의 현장에서 치열한 믿음의 씨름을 하는 성도들을 위해 선포된 주옥같은 메시지들입니다. 읽는 모든 독자들에게는 은혜로운 복음의 메시지로서, 그리스도 중심 설교를 갈망하는 모든 설교자들에게는 설교 교과서로서의 귀감이 될 것을 확신하고 기대합니다. 소중한 복음의 메시지를 선물해 주신 김은수 목사님과 온 사랑의교회 모든 성도님들께 감사드립니다.

김태권 목사 (PCM 공동대표, City to City Korea 코칭 디렉터)

Writing Jesus · Reading Jesus · Sharing Jesus · Praying Jesus

일러두기

- 〈예수를 읽다 예수를 담다 예수를 닮다〉는 2025년 1월부터 2025년 6월까지 온 사랑의교회 김은수 담임목사의 주일예배 설교를 묶어 낸 책입니다.
- 책의 원고는 매주 설교를 정리한 글을 기본으로 삼았습니다.
- 본문에 인용한 성경구절은 개역개정판 성경을, 영문은 NIV 성경을 따랐습니다.

1. Writing Jesus

성경필사입니다.
한글이나 영문 성경을
필사하실 수 있습니다.

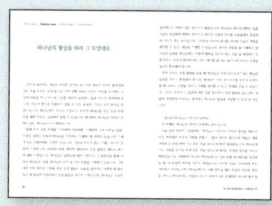

2. Reading Jesus

설교 본문입니다.

3. Sharing Jesus

주신 설교의 내용을
다락방이나 소그룹에서
나누고, 묵상합니다.

4. Praying Jesus

주신 말씀을 붙잡고
예수 그리스도의 이름으로 간
절히 기도합니다.
기도문을 적어봅니다.

이 책의 구성과 사용설명서

1. 20편의 설교말씀이 각각 4가지 내용으로 구성되어 있는 열린설교집입니다.
2. 책은 필사를 위해서 책을 펼칠 때마다 가운데가 자유롭게 잘 펴지고,
   탄성을 유지해서 페이지가 빠지거나 떨어지지 않는 고급 PUR 제본을
   채택했습니다.

예수를 읽다 예수를 담다 예수를 닮다

01 **Writing Jesus** · Reading Jesus · Sharing Jesus · Praying Jesus

하나님의 형상을 따라 그 모양대로

창세기 1:26–31

26 하나님이 이르시되 우리의 형상을 따라 우리의 모양대로 우리가 사람을 만들고 그들로 바다의 물고기와 하늘의 새와 가축과 온 땅과 땅에 기는 모든 것을 다스리게 하자 하시고 27 하나님이 자기 형상 곧 하나님의 형상대로 사람을 창조하시되 남자와 여자를 창조하시고 28 하나님이 그들에게 복을 주시며 하나님이 그들에게 이르시되 생육하고 번성하여 땅에 충만하라, 땅을 정복하라, 바다의 물고기와 하늘의 새와 땅에 움직이는 모든 생물을 다스리라 하시니라 29 하나님이 이르시되 내가 온 지면의 씨 맺는 모든 채소와 씨 가진 열매 맺는 모든 나무를 너희에게 주노니 너희의 먹을 거리가 되리라 30 또 땅의 모든 짐승과 하늘의 모든 새와 생명이 있어 땅에 기는 모든 것에게는 내가 모든 푸른 풀을 먹을 거리로 주노라 하시니 그대로 되니라 31 하나님이 지으신 그 모든 것을 보시니 보시기에 심히 좋았더라 저녁이 되고 아침이 되니 이는 여섯째 날이니라

26 Then God said, "Let us make man in our image, in our likeness, and let them rule over the fish of the sea and the birds of the air, over the livestock, over all the earth, and over all the creatures that move along the ground." 27 So God created man in his own image, in the image of God he created him; male and female he created them. 28 God blessed them and said to them, "Be fruitful and increase in number; fill the earth and subdue it. Rule over the fish of the sea and

Writing Jesus · Reading Jesus · Sharing Jesus · Praying Jesus

Writing Jesus · Reading Jesus · Sharing Jesus · Praying Jesus

the birds of the air and over every living creature that moves on the ground." 29 Then God said, "I give you every seed-bearing plant on the face of the whole earth and every tree that has fruit with seed in it. They will be yours for food. 30 And to all the beasts of the earth and all the birds of the air and all the creatures that move on the ground—everything that has the breath of life in it—I give every green plant for food." And it was so. 31 God saw all that he had made, and it was very good. And there was evening, and there was morning—the sixth day.

Writing Jesus · Reading Jesus · Sharing Jesus · Praying Jesus

Writing Jesus · **Reading Jesus** · Sharing Jesus · Praying Jesus

하나님의 형상을 따라 그 모양대로

우리가 살아가는 세상은 안정된 것처럼 보이지만 세상은 여전히 불안정하다는 것을 우리는 보게 됩니다. 이런 상황 속에서 우리는 무엇을 의지하고 무엇에 마음을 두고 어디에 기초를 세워야 요동함이 없을 것인가 생각하게 됩니다. 우리가 참으로 흔들리지 않을 수 있는 유일한 기초는 오직 하나님 한 분이십니다. 하나님만이 우리의 기초이고 우리가 하나님을 믿는 믿음 안에 있을 때만 우리는 요동하지 않을 수 있습니다. 왜냐하면 하나님은 영원히 변하지 않는 하나님이시기 때문입니다.

올해 우리 교회 주제를 '기억하라 여호와를! 기대하라 그가 이루실 일을!'이라고 정하고 여호와 하나님을 기억하고 기대하기를 바라고 있습니다. 기대가 있는 사람에게는 소망이 있습니다. 그런데 우리가 갖는 기대는 과거의 경험에 기초합니다. 요한계시록을 제외한 대부분의 성경 말씀은 대부분 과거에 대한 기록입니다. 하나님의 일하심에 대한 기록이고 그 일하심을 통해 나타난 하나님의 성품, 하나님의 의지 등 이런 것들을 기록하고 있습니다. 그렇다면 이런 과거의 기록을 담은 성경 말씀이 오늘을 살아가는 나에게 왜 필요하고 왜 중요한 것일까요? 성경 말씀은 과거의 기록이지만, 하나님은 지금도 살아계시고 변하지 않는 분이시기 때문입니다. 하나님은 과거에 행하신 일을 오늘도 동일하게 행하는 분이시고 과거의 성품과 의지를 오늘날에도 동일하게 가지고 계신 분이십니다. 그러므로 우리가 과거를 안다면 오늘의 경험을 해석할 수 있고, 내일을 기대할 수 있습니다. 과거의 경험을 잘 이해하고 앞으로의 일들을 하나님께서 어떻게 행하실 것인가 하는 것을 잘 예측하기 위해 반드시 우리가 알아야 하는 것이 과거를 잘 아는 일이기에 우리는 성경을 열심히 통독해야 합니다.

또한 우리는 성경 말씀을 읽을 때 '하나님은 어떤 분이신가?' 라는 확실한 질문을 가지고 통독해야 합니다. 하나님이 어떤 분이신지를 우리가 분명히 알 때, 우리는 소망을 가지고 미래를 생각할 수 있고, 현재를 견딜 수 있습니다. 그리고 우리가 그 질문에 대한 답을 찾으면서 성경 말씀을 읽는다면, 내 삶에 생생하게 다가오는 살아계신 하나님의 말씀을 경험할 수 있게 될 것입니다.

그렇다면 하나님은 어떤 분이실까요?
첫 번째로, 하나님은 목적이 분명하신 분이십니다.
오늘 본문 창세기 1:26절에는 '하나님이 이르시되 우리의 형상을 따라 우리의 모양대로 우리가 사람을 만들고 그들로 바다의 물고기와 하늘의 새와 가축과 온 땅과 땅에 기는 모든 것을 다스리게 하자' 말씀하십니다. 하나님께서는 사람을 짓기도 전에 모든 것을 다스리게 하자는 분명한 목적을 가지고 행하셨습니다. 사람뿐만 아니라, 하나님께서는 모든 만물 하나하나를 창조하실 때, 다 분명한 목적을 가지고 계셨습니다. 이러한 사실이 우리에게 주는 가르침이 무엇입니까? 하나님께서는 나를 만드실 때도 분명한 의도와 목적을 가지고 만드셨다는 사실입니다. 더 나아가 나의 존재뿐만 아니라 내가 경험하는 모든 일들, 좋은 일뿐만 아니라 나쁜 일까지도 분명한 목적과 뜻이 있기 때문에 허락하신 일임을 깨달을수있습니다.

하나님은 어떤 분이십니까? 목적이 분명하신 분이십니다. 그래서 지금도 그 목적을 향해 나아가고 계시고 앞으로도 하나님께서 행하실 일들은 그 목적을 이루기 위한 일들입니다. 하나님께서 사람을 만드신 목적은 '모든 피조물을 다스리게 하자'는 것이었고, 다스림을 위한 권세를 주셨습니다. 그런데 이 다스림의 권세는 인간이 죄를 지음으로 인해 깨져버리고 말았습니다. 인간이 하나님께 굴복하지 않으니 인간에게 굴복해야 할 피조물도 인간에게 굴복하지 않게 된 것입니다. 그런데 우리가 예수 그리스도로 말미암아 새사람이 되었습니다. 새사람이 됨으로 죄로 인해 깨져버린 여러 가지가 회복되기 시작합니다. 그중에서 중요한 것이 '다스림의 권세'입니다. 그래서 예수님께서 재림하시는 날에 그의 충성된 사랑하는 종들에게 '다스리는 권세를 주겠노라' 말씀하십니다. 그리고 예수재림의 때에 이 다스림의 권세를 완전하게 회복하게 하시는 일들이 나타나게 될 것입니다.

우리는 다스림에 관한 사례들을 성경을 통해 알 수 있습니다. 그중에서 대표적인 것이 돈에 관한 이야기입니다. 성경은 '돈을 사랑함이 일만 악의 뿌리가 되나니(딤전 6:10)' 말씀하고 있습니다. 돈은 사랑할 대상이 아니라 다스려야 하는 대상입니다. 재물도 하나님께서 주신 복이므로 다스릴 줄 아는 것이 중요합니다. 재물을 사랑하는 것과 재물을 다스리는 것의 차이는 매우 큽니다. 재물을 사랑하면 재물에 끌려다니게 되고, 명예를 사랑하면 명예에 끌려다니게 됩니다. 그러므로 우리는 돈이 나를 굴복시킬 수 없음을 선포하고 하나님만이 나를 다스리신다는 것을 선포해야 합니다. 이렇게 우리가 선포할 수 있는 중요한 이유는 하나님께서는 분명한 목적을 가지고 나를 만드셨고, 예수 그리스도 안에서 나에게 만물을 다스릴 권세를 회복시키고 계시기 때문입니다.

두 번째로 하나님은 조건없이 복을 주시는 분이십니다. 본문 1:27-28절에 보면, '하나님이 그들에게 복을 주시며'라고 기록하고 있습니다. 우리 모두는 복을 받기 원하고, 복을 받기 위해서는 무언가 복 받을 만한 일을 해야 한다고 생각합니다. 그런데 놀랍게도 본문 말씀에는 하나님께서 인간을 창조하시고 인간이 그 어떤 일을 하기도 전에 복을 주셨다고 기록하고 있습니다. 여기서 우리가 깨달을 수 있는 것은 하나님은 복을 주시는 분이시고 조건 없이 풍성하게 주시는 분이시라는 것입니다. 우리는 하나님의 인자하시고 자비로운 성품을 믿을 때, 소망 있는 미래를 기대할 수 있습니다.

창세기 2:7절에 보면 '여호와 하나님이 땅의 흙으로 사람을 지으시고 생기를 그 코에 불어넣으시니 사람이 생령이 되니라' 말씀하십니다. 하나님께서는 사람을 흙으로 빚으셨습니다. 우리도 초등학교 미술 시간에 찰흙으로 여러 가지 동물이나 사물들을 만들기도 했습니다. 그러나 우리가 만든 것과 하나님께서 만든 것에는 차이가 있습니다. 우리가 만든 것은 그냥 흙덩어리에 불과하지만, 하나님께서는 생기를 불어넣으셔서 생명이 되게 하셨습니다. 생기를 불어넣으셨다는 것은 어떤 의미가 있는 것일까요? 우리의 모습은 다 다르지만, 우리는 우리 안에 불어넣으신 하나님의 생기로 인해 비로소 가치 있는 존재가 되었다는 것입니다.

그래서 출애굽기 30:12-13절에는, '각 사람을 계수할 때 자기 생명의 속전을 여호와께 드릴 것인데 무릇 계수 중에 드는 자마다 성소의 세겔로 반 세겔을 내어야 한다'라고 기록하고 있습니다. 생명의 속전이란 생명 값인데, 그 값은 모든 자에게 똑같습니다. 이는 하나님 앞에서 생명의 가치는 모두 동일하다는 것을 우리에게 가르쳐 줍니다. 고귀한 자를 위해 흘려주신 예수 그리스도의 보혈도 동일한 것이고 가난한 자를 위해 흘려주신 예수 그리스도의 보혈도 동일한 것입니다. 그래서 십자가 앞에서는 교만할 수도 없고 열등감에 빠질 수도 없습니다. 나의 모든 가치는 예수 그리스도의 보혈의 가치이기 때문에 그렇습니다. 하나님은 어떤 분이십니까? 예수 그리스도 안에 우리 모두를 동일하게 가치있게 만드신 분이십니다.

창세기 2:8절을 보면 여호와 하나님께서 동방의 에덴에 동산을 창설하셨다고 되어 있습니다. 그리고 그곳에 사람을 두셨습니다. 그런데 아담과 하와가 죄를 짓고 에덴동산에서 쫓겨납니다. 그 이후 인간은 스스로 에덴을 만들고 싶어했습니다. 그러나 성경은 분명히 말씀하고 있습니다. 하나님께서 파라다이스를 만들어서 그것이 인간에게 주어진 것입니다. 요한계시록에도 마찬가지입니다. '새 예루살렘이 하나님께로부터 하늘에서 내려오니(계 21:2)' 라고 기록하고 있습니다. 사람의 손이 아니라 하나님께서 만드신 새 예루살렘 성입니다. 하나님의 나라는 하나님께서 만드십니다. 성경 어디에도 사람에게 하나님의 나라를 건설하라, 하나님의 나라를 확장하라고 하지 않습니다. 오히려 성경은 하나님의 나라가 가까웠으니 그 나라에 들어갈 자는 회개하라고 말씀하십니다.

이 사실이 왜 중요할까요? 이 죄된 세상 가운데는 사람들을 현혹하여 인간이 유토피아를 만들 수 있는 것처럼 선동하는 사람들이 많이 있었습니다. 하지만 우리에게 참된 안식과 평안과 만족을 줄 수 있는 분은 바로 하나님 한 분밖에 없다는 것을 기억하라고 이 말씀을 주신 것입니다. 우리는 반드시 기억해야 합니다. 인간이 스스로 에덴을 만들 수 없습니다. 완전한 유토피아는 이 세상에 있을 수 없습니다. 우리는 하나님만 바라보아야 합니다. 그리고 영광스러운 하나님의 나라는 예수 그리스도의 보혈로, 물과 성령으로 거듭나지 아니하면 그 누구도 그 나라에 들어갈 수 없고 볼 수도 없습니다.

이어서 창세기 2:10절에는 '강이 에덴에서 흘러 나와 동산을 적시고 거기서부터 갈라져 네 근원이 되었으니'라고 기록하고 있습니다. 이는 에스겔의 환상과 연결이 됩니다. 에스겔 47장에 보면, 성전 문지방 밑에서 물이 흘러 나와 세상으로 흘러가서 그 세상을 살리는 환상을 보게 됩니다. 에스겔이 본 환상의 근본은 바로 에덴입니다. 인간이 지은 죄로 그 낙원을 잃어버리게 되었고, 더 이상 세상을 살리는 기능을 할 수 없게 되었을 때, 하나님께서 에스겔을 통해 이 환상을 보여주시면서 바로 성전으로부터 흘러나오는 물을 통해 세상이 회복된다는 것을 보여주셨습니다. 왜 그럴까요? 바로 그 성전은 하나님께서 임재하신 예수 그리스도 자체이기 때문입니다. 하나님께서 임재하시므로 에덴이 모든 생명의 근원이 될 수 있었고 하나님이 임하셨기 때문에 성전이신 예수 그리스도에게서 흘러나오는 물이 세상을 살릴 수 있는 물이 되는 것입니다.

그렇다면 오늘날에는 어떠할까요? 요한복음 7:38-9절입니다.
예수님을 믿는 자의 배에서 생수의 강이 흘러나온다고 말합니다. 왜냐하면 예수님을 믿는 자 가운데 하나님께서 임재하고 계시기 때문입니다. 예수의 영이 우리를 다스리십니다. 그래서 우리에게 임하신 생수의 강이 흘러가는 은혜가 실제로 우리에게 나타납니다. 우리의 심령 가운데 그리스도 예수의 영이 있고 하나님의 성령이 역사하는 사람이라면 그 배에서 생수이신 예수 그리스도가 흘러 나갑니다. 말 한마디를 하더라도 예수님의 말씀을 하게 되고 예수님의 심정으로 다른 사람들을 품어주고 안아주게 됩니다. 하나님의 임재가 있는 사람, 예수의 영이 있는 사람은, 그 배에서 생수의 강이 흘러갑니다. 그의 영으로부터 생수의 강이 흘러갑니다. 우리를 만나는 사람들이 살아나는 역사가 있기를 축복합니다.

마지막으로 본문 2:15-17절에는 하나님께서 그 사람을 에덴동산에 두시고 그것을 경작하게 하시고 동산의 각종 나무의 열매는 임의로 먹되 선악을 알게 하는 나무의 열매는 먹지 말라 네가 먹는 날에는 반드시 죽으리라 말씀하십니다. 생각해봅시다. 선악을 알게하는 나무의 열매를 먹지 말라는 명령을 지켜야 하는 아담과 하와의 부담이 클까요? 아담과 하와가 그 명령을 지키지 않고 선악을 알게 하는 나무의 열매를 먹었을 때 일어나게 될 모든 것을 책임지셔야 하는 하나님의 부담이 더 클까요? 하나님의 부담이 훨씬 더 큽니다. 하나님은 그 부담을 떠안으시면서 아담과 하와에게 말씀하신 겁니다. 왜 이런 부담을 기꺼이 떠안으셨을까요? 하나님께서는 인간을 너무나 사랑하셔서 자유 의지라는 큰 복을 주셨습니다.

그리고 그 자유 의지가 제대로 발휘되려면 상황이 주어져야 합니다. 즉 아담과 하와의 선택이 진짜 선택이 되려면 하나님을 선택하지 않을 수 있는 상황이 있어야하고, 그럼에도 아담과 하와가 하나님을 선택할 때 진정한 선택이 될 것입니다. 그 말은 곧 하나님께서는 아담과 하와가 하나님을 선택하지 않을 수도 있는 위험을 감수하셨음을 의미합니다. 그렇다면 하나님은 아담이 하나님을 선택하지 않을 때 벌어질 모든 위험을 감수하시면서까지 왜 아담에게 선택권을 주신 것일까요? 아담의 선택이 진짜 선택이 되어야 하기 때문입니다. 아담이 하나님을 진심으로 사랑해야 하기 때문에 아담에게 선택권을 주신 것입니다. 여기서 우리는 또 한가지를 배우게 합니다. 진짜 사랑은 위험을 감수하는 것입니다.

하나님께서 나를 선택하셨을 때도 내가 하나님께 마땅한 반응을 보이지 않았을 때 일어날 수 있는 모든 위험을 감수하시고 우리를 선택하셨습니다. 왜냐하면 하나님께서는 우리를 진심으로 사랑하시기 때문입니다. 하나님께서 아담과 하와를 만드시고 서로에게 '내 뼈 중의 뼈요 살 중의 살이라'라고 고백하게 하신 이유는, 관계라는 것이 어떤 책임을 져야 하는가를 우리에게 보여주시기 위함입니다. 하나님께서는 아담과 하와의 관계를 통해 하나님과 우리의 관계에서도 그러한 친밀함을 원한다는 것을 알려주시는 것입니다. 하나님께서는 우리에게서 어떤 고백을 듣고 싶으신 것일까요?
'하나님은 유일하신 하나님이시고 저의 모든 것이 되시는 하나님이십니다!'
이 고백이 우리의 진실한 고백이 되기를 원하십니다. 왜냐하면 하나님은 진심으로 우리를 사랑하시기 때문입니다.

Writing Jesus · Reading Jesus · **Sharing Jesus** · Praying Jesus

❶ 나는 하나님의 형상을 따라 지음받은 존재임을 진정으로 믿고 살아가고 있는가?

인간은 하나님의 형상을 따라 지음받았고, 다스림의 권세를 위임받은 존재입니다. 그러나 죄로 인해 그 권세가 깨어졌고, 예수 그리스도를 통해 회복됩니다.

나는 일상 속에서 하나님의 형상을 지닌 존재로서 살아가고 있는가? 죄와 욕망, 세상의 가치관에 굴복하지 않고 하나님의 다스림 아래 살아가고 있는가?

❷ 하나님이 나를 향해 가지신 '분명한 목적'은 무엇이라고 믿는가?

하나님은 무작위로 우리를 지으신 것이 아니라, 분명한 의도와 목적을 따라 지으셨습니다. 경험하는 모든 일, 즉 좋은 일도 나쁜 일도 하나님의 목적 아래 있다는 선언은 우리로 하여금 고난마저도 새롭게 보게 합니다.

나는 내 삶 속의 사건과 사람들, 지금의 위치와 상황 속에 담긴 하나님의 뜻을 어떻게 해석하고 있는가? 그 뜻을 향해 순종하며 나아가고 있는가?

❸ 내 삶에서 하나님의 임재로 인해 흘러나오는 '생수의 강'은 있는가?"

에덴동산과 성전에서 흘러나오던 생명의 강이, 오늘날에는 성령의 임재가 있는 성도 안에서 흘러나옵니다. 즉, 성령이 임재하시는 사람은 말 한마디, 행동 하나에도 생명력을 드러낸다는 것입니다.

 나는 내 말과 행동을 통해 주변 사람들에게 생명과 위로와 회복을 흘려보내고 있는가? 혹은 반대로 무기력함과 냉소를 전하고 있지는 않은가?

하나님은 어떤 분이십니까? 나를 사랑하셔서 나로 말미암은 모든 위험을 감수하시면서까지 나를 선택하시고 나를 부르시고 나와 함께하시는 분이십니다. 하나님께서는 참된 사랑으로 우리를 부르셔서 그 사랑으로 말미암아 이 세상이 생명으로 가득 넘치기를 바라시는 하나님의 목적이 우리에게 있음을 우리가 기억하기를 간절히 바랍니다.

하나님 아버지!
저를 하나님의 형상으로 창조하시고
분명한 목적과 뜻을 두고 부르셨음을 깨닫습니다.
죄로 깨어진 다스림의 권세를
예수 그리스도의 보혈로 회복하신 은혜를 기억하며,
하나님만을 주인으로 섬기게 하옵소서.
제 안에 임재하시는 성령으로 생수의 강이 흘러가게 하시고,
재물과 세상의 유혹을 다스리며
오직 주님께만 순종하게 하옵소서.
"하나님은 나의 모든 것이 되십니다"라는 고백이
제 삶의 노래가 되게 하옵소서.
예수 그리스도의 이름으로 기도드립니다. 아멘!

Writing Jesus · Reading Jesus · Sharing Jesus · **Praying Jesus**

02 Writing Jesus · Reading Jesus · Sharing Jesus · Praying Jesus

내가 섬기는 여호와께서
네게 평탄한 길을 주시리니

창세기 24:37-49

37 나의 주인이 나에게 맹세하게 하여 이르되 너는 내 아들을 위하여 내가 사는 땅 가나안 족속의 딸들 중에서 아내를 택하지 말고 38 내 아버지의 집, 내 족속에게로 가서 내 아들을 위하여 아내를 택하라 하시기로 39 내가 내 주인에게 여쭈되 혹 여자가 나를 따르지 아니하면 어찌하리이까 한즉 40 주인이 내게 이르되 내가 섬기는 여호와께서 그의 사자를 너와 함께 보내어 네게 평탄한 길을 주시리니 너는 내 족속 중 내 아버지 집에서 내 아들을 위하여 아내를 택할 것이니라 41 네가 내 족속에게 이를 때에는 네가 내 맹세와 상관이 없으리라 만일 그들이 네게 주지 아니할지라도 네가 내 맹세와 상관이 없으리라 하시기로 42 내가 오늘 우물에 이르러 말하기를 내 주인 아브라함의 하나님 여호와여 만일 내가 행하는 길에 형통함을 주실진대 -중략- 48 내 주인 아브라함의 하나님 여호와께서 나를 바른 길로 인도하사 나의 주인의 동생의 딸을 그의 아들을 위하여 택하게 하셨으므로 내가 머리를 숙여 그에게 경배하고 찬송하였나이다 49 이제 당신들이 인자함과 진실함으로 내 주인을 대접하려거든 내게 알게 해 주시고 그렇지 아니할지라도 내게 알게 해 주셔서 내가 우로든지 좌로든지 행하게 하소서

37 And my master made me swear an oath, and said, 'You must not get a wife for my son from the daughters of the Canaanites, in whose land I live, 38 but go to my father's family and to my own clan, and get a wife for my son.' 39

Writing Jesus · Reading Jesus · Sharing Jesus · Praying Jesus

"Then I asked my master, 'What if the woman will not come back with me?' ⁴⁰ "He replied, 'The LORD, before whom I have walked, will send his angel with you and make your journey a success, so that you can get a wife for my son from my own clan and from my father's family. ⁴¹ Then, when you go to my clan, you will be released from my oath even if they refuse to give her to you—you will be released from my oath.' ⁴² "When I came to the spring today, I said, 'O LORD, God of my master Abraham, if you will, please grant success to the journey on which I have come. (……) ⁴⁸ and I bowed down and worshiped the LORD. I praised the LORD, the God of my master Abraham, who had led me on the right road to get the granddaughter of my master's brother for his son. ⁴⁹ Now if you will show kindness and faithfulness to my master, tell me; and if not, tell me, so I may know which way to turn.'

Writing Jesus · Reading Jesus · Sharing Jesus · Praying Jesus

Writing Jesus · **Reading Jesus** · Sharing Jesus · Praying Jesus

내가 섬기는 여호와께서
네게 평탄한 길을 주시리니

창세기 24장은 생각하면 생각할수록 하나님께서 얼마나 좋으신 분이신지 감탄하지 않을 수 없고 참으로 아름답고 복된 귀한 말씀입니다. 창세기 24장은 이렇게 시작합니다.

'아브라함이 나이가 많아 늙었고 여호와께서 그에게 범사에 복을 주셨더라(창 24:1)'

나이가 많고 늙었으면 어떤 좋은 점이 있을까요? 나이가 든 만큼 인생의 지혜가 깊어지고 명철이 생기는 것이겠지요. 반면에 안좋은 점도 있습니다. 마음만큼 몸이 따라주지 못해 답답함과 곤고함이 있고, 쓸모가 없어졌다는 생각이 들 수도 있습니다.

본문 1절 말씀을 보면, 하나님께서는 나이 많아 늙은 아브라함에게 범사에 복을 주셨다고 합니다. 히브리어 원문에서는 '바라크'라는 동사를 사용하면서 강조형으로 표현하고 있습니다. 이는 그냥 단순히 복을 주신 것이 아니라 큰 복을 주셨음을 강한 어조로 표현한 것입니다. 이전보다 더 큰 복을 주셨다는 뜻입니다. 이런 모습을 통해 우리는 '하나님은 어떤 분이신가'를 또 깨달게 됩니다. 우리가 하나님이 어떤 분이신지를 묵상하는 것이 필요한 이유는 우리의 믿음이 하나님의 성품에 기초하고 있기 때문입니다. 아브라함을 대하시는 하나님은 한결같으신 하나님이십니다. 아니, 가면 갈수록 더 잘해주시는 하나님이십니다. 아브라함이 나이가 많아 늙은 것과 상관없이 더 큰 복을 주시는 하나님은 끝까지 책임져 주시는 온전하시고 완전하신 분이십니다.

이런 큰 복을 받으면 고민이 없어야 할 아브라함에게는 고민이 있었습니다. 그것은 바로 하나님과 맺은 언약을 어떻게 지켜갈 것인가 하는 것입니다. 하나님께서는 아브라함에게 '네 후손이 하늘의 별과 같이 많아질 것'이라고 약속하셨고, 그 약속이 이루어지기 위해서는 아들 이삭이 결혼을 해야 하는데, 이삭의 아내를 어디서 맞아들일 것인가 하는 것이 아브라함의 고민이었습니다. 이렇게 중요한 고민을 앞에 두고 아브라함은 원칙을 세웁니다.

첫째는 가나안 땅에 있는 여자는 안된다는 것입니다. 그래서 본문 3-4절에 보면, 그의 종을 자기의 고향으로 보내어 이삭을 위하여 아내를 택하게 합니다. 이렇게 한 이유는 하나님을 아는 사람을 데려오기 위해서입니다. 본문 31절에 보면 라반이 등장하는데, 그는 '여호와께 복을 받은 자여 들어오소서'라고 말하는 사람입니다. 이는 라반이 하나님을 인정하는 사람이라는 뜻입니다. 지금 아브라함은 여호와 하나님을 믿는 믿음을 이어가기 위해, 세상에서 내세울 만한 그 어떤 조건보다도 하나님을 아는 것을 최우선의 원칙으로 세웠습니다.

둘째는 이삭이 이 땅을 떠날 수 없다는 것입니다. 아브라함의 명을 받은 종은 아브라함에게 '여자가 나를 따라 이 땅으로 오려고 하지 아니하거든 내가 주인의 아들을 주인이 나오신 땅으로 인도하여 돌아가리이까(창 24:5)'묻자, 아브라함은 '내 아들을 그리로 데리고 돌아가지 아니하도록 하라(창 24:6)'대답합니다. 아브라함이 세운 이러한 원칙을 충족한다는 것은 쉽지 않은 일입니다. 하지만, 아브라함은 이렇게 고백합니다.

'하늘의 하나님 여호와께서 나를 내 아버지의 집과 내 고향 땅에서 떠나게 하시고 내게 말씀하시며 내게 맹세하여 이르시기를 이 땅을 네 씨에게 주리라 하셨으니 그가 그 사자를 너보다 앞서 보내실지라 네가 거기서 내 아들을 위하여 아내를 택할지니라(창 24:7)'

아브라함에게는 하나님께서 말씀하셨으니 하나님께서 이 일을 이루실 것이라는 기대가 있었습니다.

하나님을 향한 아브라함의 기대에 대해, 종은 나중에 한 번 더 반복해서 이야기합니다.

'주인이 내게 이르되 내가 섬기는 여호와께서 그의 사자를 너와 함께 보내어 네게 평탄한 길을 주시리니 너는 내 족속 중 내 아버지 집에서 내 아들을 위하여 아내를 택할 것이니라(창 24:40)'

여호와께서 평탄한 길을 주실 것이라고 말합니다. 이것이 아브라함에게 있는 믿음입니다. 내 원칙이 분명하다면 하나님께서 그 일을 이루실 것입니다. 이제 그 종은 주인 아브라함에게 맹세하고 길을 떠납니다. 본문 10절에 보면 '낙타 열 필 곧 그의 주인의 모든 좋은 것을 가지고 떠났다'라고 합니다. 지금 아브라함이 머무는 곳은 브엘세바이고, 메소보다미아 나홀 성까지는 직선거리로 700~800km, 보행길로 치면 약 1,000km가 넘는 곳으로 약 40일 정도 걸리는 곳입니다. 마침내 그곳에 저녁 무렵에 도착하였고, 그 종은 그곳에 도착하자마자 여호와 하나님께 기도합니다.

'우리 주인 아브라함의 하나님 여호와여 원하건대 오늘 나에게 순조롭게 만나게 하사 내 주인 아브라함에게 은혜를 베푸시옵소서(창 24:12)'

아브라함의 종도 젊은 나이가 아니었음에도 쉴 곳을 먼저 찾지 않고 도착하자마자 제일 먼저 한 일이 기도입니다. 이 모습을 보면, '그 주인에 그 종이다'라는 생각이 듭니다. 주인 아브라함과 평생 함께하다 보니 그의 마음도 한 마음이 되어 예배자였던 아브라함의 믿음을 따라 그 종도 예배자가 되었습니다.

이렇게 그 종이 하나님께 기도를 드린 것은 하나님의 생각을 따르기 위한 것으로, 먼저 조건을 이야기합니다.

'한 소녀에게 이르기를 청하건대 너는 물동이를 기울여 나로 마시게 하라 하리니 그의 대답이 마시라 내가 당신의 낙타에게도 마시게 하리라 하면 그는 주께서 주의 종 이삭을 위하여 정하신 자라 이로 말미암아 주께서 내 주인에게 은혜 베푸심을 내가 알겠나이다(창 24:14)'

자료를 검색해 보니, 낙타는 한꺼번에 100~150리터의 물을 마신다고 합니다. 그러니 10마리의 낙타가 충분히 물을 마시기 위해서는 1,000~1,500리터의 물이 필요합니다. 무슨 뜻일까요? 자발적으로 이렇게 수고스럽고 힘든 일을 할 사람은 없다는 뜻입니다.

그렇다면 아브라함의 종은 왜 이런 조건을 내걸었을까요? 첫째는 까다롭기 때문입니다. 누구나 쉽게 할 수 있는 일도 아니고, 더구나 자발적으로 이런 일을 한다는 것은 거의 불가능하므로 하나님께서 보내주신 자인지 아닌지 구분할 수 있게 되는 것입니다. 둘째는 자발적으로 이런 일을 하겠다는 것은 하나님의 성품을 닮은 사람을 찾겠다는 것입니다. 지금 아브라함의 종은 이삭의 아내가 될 사람이라면 하나님의 마음을 닮은 인자하고 자비로운 사람이어야 한다는 생각으로 그런 사람을 찾고 있습니다.

그런데 놀라운 일이 벌어집니다. 본문 15절에 보면 '말을 마치기도 전에~' 라고 기록하고 있습니다. 우리 하나님은 말도 안 끝났는데 응답하시는 하나님이십니다. 이제 리브가가 물을 길으러 옵니다. 그리고 그 소녀를 발견한 종은 그녀에게 다가가 자기가 말한 대로 물을 좀 마시게 하라 하니 물을 마시게 해 주었고, '당신의 낙타를 위해서도 물을 길어 배불리 마시게 하리이다(창 24:19)'하고 낙타를 위해 물을 긷습니다. 종은 그 소녀를 묵묵히 주목하며 여호와께서 과연 평탄한 길을 주신 것인지 그 여부를 알고자 합니다. 그리고 정말 하나님의 응답인지 확인하려고 반 세겔 무게의 금 코걸이 한 개와 열 세겔 무게의 금 손목고리 한 쌍을 그에게 주며 누구의 딸인지, 그리고 네 아버지의 집에 유숙할 곳이 있느냐고 묻습니다(창 24:21-23).

여기에도 참 놀라운 지혜가 있다고 생각합니다. 누구의 딸이라는 것을 알기 전에 필요한 충족조건을 다 확인합니다. 그리고 그 충족조건을 다 만족시킨 사람이 알고 보니 아브라함 조카의 딸이었던 것입니다. 그러니 얼마나 완벽한 일입니까? 이 모든 것을 확인한 아브라함의 종은 여호와 하나님을 찬송합니다(창 24:27). 오랜시간을 거쳐 그 먼길을 와서, 그 많은 사람 중에서 아브라함의 친족 집에 이르렀다는 것은, 하나님께서 인도하시지 않고는 불가능한 일입니다. 하나님께서 왜 이렇게 인도하셨을까요? 바로 인애와 자비와 은혜가 끊이지 않는 헤세드의 하나님, 성실과 진리로 이끄시는 에메트의 하나님이시기 때문입니다. 아브라함을 향한 헤세드와 아브라함을 향한 에메트가 가득하신 하나님께서는 아브라함이 기대했던 대로 인도하셨습니다. 그 하나님이 누구의 하나님이십니까? 바로 나의 하나님이십니다. 우리의 믿음이 확실한 이유는 아브라함에게 행하신 대로 하나님은 오늘 나에게도 행하시기 때문입니다.

이제 리브가는 집으로 달려가 이런 상황을 알렸고 리브가의 오빠, 라반이 아브라함의 종을 맞이하여 쉴 곳과 음식을 베풉니다. 그런데 이때 아브라함의 종은 자기가 이 일에 대해 진술하지 않고는 음식을 먹지 않겠다(창 24:33)는 독특한 반응을 보입니다. 이런 반응은 자신이 대접을 받으려고 온 것이 아니고, 해야 할 사명이 있어서 왔는데 그 사명을 속히 완수하겠다는 태도입니다. 이어서 본문 34절에 보면 '나는 아브라함의 종입니다'라고 밝히면서 자기가 누구인지, 자기의 주인이 누구인지를 분명하게 알려줍니다.

세상에서 가장 불행한 사람은 자기 삶의 주인이 누구인지 몰라 인생을 표류하며 떠도는 사람입니다. 그런데 그보다 더 불행한 사람은 자기가 자기 삶의 주인이라고 생각하는 교만한 사람입니다. 우리 중에 그 누구도 스스로 부모를 선택하고 골라서 태어난 사람은 없습니다. 내 인생의 주인은 내가 아니라는 뜻입니다. 누가 나의 주인인지 아는 사람이 순종하는 사람이고 겸손한 사람입니다. 우리 모두 아브라함의 종처럼 '나는 하나님의 종입니다. 나는 예수 그리스도의 종입니다. 나는 성령의 종입니다.' 고백할 때 어떤 자리에 있다고 해도 우리는 사명을 따라 살 수 있습니다.

그리고 이제 이 종은 아브라함의 믿음과 하나님을 향한 기대를 드러냅니다. '네가 내 족속에게 이를 때에는 네가 내 맹세와 상관이 없으리라 만일 그들이 네게 주지 아니할지라도 네가 내 맹세와 상관이 없으리라(창 24:41)'
아브라함은 앞서 말씀드린 대로 이삭의 아내를 맞이하기 위해 '가나안 족속은 안된다, 내 족속 중에서 찾아야 한다. 이삭을 데려갈 수는 없다'라는 전제조건을 세웠습니다. 그리고 분명히 하나님께서 일하실 것을 기대하지만, 혹여라도 그 찾은 사람이 따라오려고 하지 않는다 해도 하나님께서 또 다른 방법을 가지고 계실 테니 실망하지 말고 그냥 돌아오라는 것입니다. 이는 완전하신 하나님을 향한 기대와 전적인 신뢰입니다. 아브라함 자신에게는 분명한 원칙이 있고 그 원칙을 절대 포기하지 않겠다는 것입니다.

사랑하는 여러분! 하나님은 하나님을 향한 삶의 원칙이 분명한 사람을 바른 길로 인도하십니다. 그래서 본문 48절에 보면, 종은 '내 주인 아브라함의 하나님 여호와께서 나를 바른 길로 인도하셨다'라고 고백합니다. 하나님은 단순하신 분이십니다. 사람이 복잡합니다. 원칙을 따라 살면 단순한데, 나의 이익을 따라 살려니 복잡해집니다. 하나님은 하나님을 향해 분명한 원칙을 가지고 살아가는 사람들을 바른 길로 인도하시는 분이십니다.

그리고 이 상황에 대해 종은 '이제 당신들이 인자함과 진실함으로 내 주인을 대접하려거든 내게 알게 해 주시고 그렇지 아니할지라도 내게 알게 해 주셔서 내가 우로든지 좌로든지 행하게 하소서(창 24:49)' 분명하게 말합니다. 그리고 그렇게 하겠다는 대답을 듣자, 그제야 음식을 먹고 유숙합니다. 다음날 아침, 그 종은 바로 주인에게로 돌아가겠다고 말합니다. 열흘 정도 더 머물다 가라는 리브가의 가족들에게 '나를 만류하지 마소서 여호와께서 내게 형통한 길을 주셨으니 나를 보내어 내 주인에게로 돌아가게 하소서(창 24:56)'라고 말합니다. 여기에는 하나님의 뜻이 분명하니 머뭇거릴 이유가 없고, 자기를 기다리고 있을 나이 많은 주인에 대한 애틋함이 담겨 있습니다. 이 모습은 종이 보여주는 '헤세드'입니다. 이 종은 오직 주인만 생각합니다.

하나님은 어떤 분이십니까? 창세기 24장을 통해 우리에게 보여주신 하나님은 첫째, 한결같으신 분이시고 끝까지 책임지시는 분이십니다. 둘째, 우리의 원칙이 분명할 때, 앞서 행하시는 하나님이십니다. 셋째, 하나님께서는 말이 마치기도 전에 응답하시는 하나님이십니다. 넷째, 사랑과 성실로 우리를 대하시는 헤세드와 에메트의 하나님이십니다. 그 하나님이 바로 나의 하나님이십니다.

Writing Jesus · Reading Jesus · **Sharing Jesus** · Praying Jesus

❶ 나는 지금 누구의 인도하심 아래에서 삶의 길을 결정하고 있는가?

아브라함과 그의 종은 하나님의 인도하심을 확신하며 분명한 원칙과 기준을 가지고 삶의 선택을 합니다.

 나는 결정을 내릴 때 어떤 기준을 따르고 있는가? 하나님의 인도하심을 신뢰하며, 기도와 말씀을 통해 방향을 정하고 있는가? 혹은 세상의 기준이나 내 이익만을 따라가는가?

❷ 내가 하나님 앞에서 세운 분명한 '원칙'은 무엇이며, 그 원칙을 지키기 위해 어떤 대가를 감수할 준비가 되어 있는가?

아브라함은 신앙의 계승을 위해 '가나안 여인과는 결혼하지 않는다', '이삭은 이 땅을 떠나지 않는다'는 분명한 원칙을 세웠고, 그 원칙을 끝까지 고수합니다.

 나는 신앙과 가치관의 영역에서 어떤 원칙을 가지고 있는가? 그 원칙을 지키기 위해 유혹이나 손해를 감내할 각오가 되어 있는가?

Writing Jesus · Reading Jesus · **Sharing Jesus** · Praying Jesus

❸ 하나님의 일하심을 볼 때, 나는 머뭇거림 없이 순종하고 행동하는 사람인가?

아브라함의 종은 기도하고, 응답받고, 사명의 확신이 서자 즉시 행동합니다. 사명을 마칠 때까지 먹지도 않고, 곧장 돌아가겠다는 단호한 태도를 보입니다.

나는 하나님의 뜻이 분명해졌을 때 주저하지 않고 그 뜻에 순종하는가? 아니면 여러 이유로 미루고 회피하고 있지는 않은가?

그렇다면 우리의 반응은 어떠해야 할까요? 나의 주인이 누구이신지 분명히 알아야 합니다. 그리고 그 주인을 향한 헤세드와 에메트의 마음을 가지고 주인을 사랑할 줄 아는 종이 되기를 원합니다.

성실과 인애가 충만하신 하나님 아버지!
우리의 원칙이 흔들리지 않게 하시고,
말씀과 기도로 주님의 뜻을 먼저 구하는 삶이 되게 하옵소서.
우리가 원하는 길이 아니라, 주님이 앞서 행하시며
열어 주시는 길을 걷게 하옵소서.
말이 마치기도 전에 응답하시는 주님의 은혜를 신뢰하며,
모든 상황 속에서 '나는 하나님의 종입니다'
고백하는 삶을 살게 하옵소서.
우리의 삶이 주님을 의지하는 믿음의 길 위에 서서,
사람들에게도 주님의 헤세드와 에메트를 전하는
통로가 되게 하옵소서.
예수 그리스도의 이름으로 기도드립니다. 아멘!

Writing Jesus · Reading Jesus · Sharing Jesus · **Praying Jesus**

03

Writing Jesus · Reading Jesus · Sharing Jesus · Praying Jesus

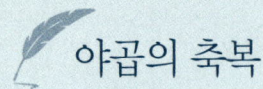
야곱의 축복

창세기 48:8-16

8 이스라엘이 요셉의 아들들을 보고 이르되 이들은 누구냐 9 요셉이 그의 아버지에게 아뢰되 이는 하나님이 여기서 내게 주신 아들들이니이다 아버지가 이르되 그들을 데리고 내 앞으로 나아오라 내가 그들에게 축복하리라 10 이스라엘의 눈이 나이로 말미암아 어두워서 보지 못하더라 요셉이 두 아들을 이끌어 아버지 앞으로 나아가니 이스라엘이 그들에게 입맞추고 그들을 안고 11 요셉에게 이르되 내가 네 얼굴을 보리라고는 생각하지 못하였더니 하나님이 내게 네 자손까지도 보게 하셨도다 12 요셉이 아버지의 무릎 사이에서 두 아들을 물러나게 하고 땅에 엎드려 절하고 13 오른손으로는 에브라임을 이스라엘의 왼손을 향하게 하고 왼손으로는 므낫세를 이스라엘의 오른손을 향하게 하여 이끌어 그에게 가까이 나아가매 14 이스라엘이 오른손을 펴서 차남 에브라임의 머리에 얹고 왼손을 펴서 므낫세의 머리에 얹으니 므낫세는 장자라도 팔을 엇바꾸어 얹었더라 15 그가 요셉을 위하여 축복하여 이르되 내 조부 아브라함과 아버지 이삭이 섬기던 하나님, 나의 출생으로부터 지금까지 나를 기르신 하나님, 16 나를 모든 환난에서 건지신 여호와의 사자께서 이 아이들에게 복을 주시오며 이들로 내 이름과 내 조상 아브라함과 이삭의 이름으로 칭하게 하시오며 이들이 세상에서 번식되게 하시기를 원하나이다

8 When Israel saw the sons of Joseph, he asked, 'Who are these?' 9 'They are the sons God has given me here,' Joseph said to his father. Then Israel said, 'Bring

Writing Jesus · Reading Jesus · Sharing Jesus · Praying Jesus

Writing Jesus · Reading Jesus · Sharing Jesus · Praying Jesus

them to me so I may bless them.' ¹⁰ Now Israel's eyes were failing because of old age, and he could hardly see. So Joseph brought his sons close to him, and his father kissed them and embraced them. ¹¹ Israel said to Joseph, 'I never expected to see your face again, and now God has allowed me to see your children too.' ¹² Then Joseph removed them from Israel's knees and bowed down with his face to the ground. ¹³ And Joseph took both of them, Ephraim on his right toward Israel's left hand and Manasseh on his left toward Israel's right hand, and brought them close to him. ¹⁴ But Israel reached out his right hand and put it on Ephraim's head, though he was the younger, and crossing his arms, he put his left hand on Manasseh's head, even though Manasseh was the firstborn. ¹⁵ Then he blessed Joseph and said, 'May the God before whom my fathers Abraham and Isaac walked, the God who has been my shepherd all my life to this day, ¹⁶ the Angel who has delivered me from all harm—may he bless these boys. May they be called by my name and the names of my fathers Abraham and Isaac, and may they increase greatly upon the earth.'

Writing Jesus · Reading Jesus · Sharing Jesus · Praying Jesus

Writing Jesus · **Reading Jesus** · Sharing Jesus · Praying Jesus

야곱의 축복

현대 사회를 살아가는 많은 사람의 관심사는 바로 자기 계발, 또는 성공에 관한 이야기들입니다. 그런 맥락에서 놓고 보면, 야곱은 입지전적인 인물로 현대 사회에서 가장 모델이 될 만한 사람입니다. 혈혈단신, 지팡이 하나 달랑 들고 시작한 사람이 큰 부를 이루어 자신의 모든 소유를 두 떼로 나눌 만큼 많은 것을 소유했습니다. 그렇게 그는 세상적으로는 굉장히 성공했지만, 그의 내면은 너무나 측은하고 애처롭기도 합니다. 왜냐하면 그는 그가 얻은 그만큼의 대가, 혹은 그 이상의 대가를 지불해야만 하는 그런 인생을 살았기 때문입니다.

야곱은 형 에서가 배고플 때 팥죽 한 그릇으로 장자권을 얻었지만, 그 대신 형제의 우애를 잃어버렸고, 죽음을 앞둔 아버지 이삭의 언약 계승을 위한 장자의 축복을 자기의 것으로 가로챘지만, 그로 인해 야곱은 그 부모를 떠나게 됩니다. 그리고 이제 외삼촌 라반의 집으로 가게 된 야곱은, 처음에는 가족의 환대를 받았으나 시간이 지나면서 고용주와 고용인의 관계로 전락하게 되었고, 평생 사랑하는 한 여자, 라헬을 얻는 대신 언니 레아와 그들의 여종 둘을 아내로 맞아들임으로 그가 원치 않은 뜻밖의 출산 전쟁을 치르게 됩니다.

이제 세월이 흘러 더 이상 외삼촌의 고용인으로서의 삶이 아닌, 자유인으로 살기 위해 모든 가족을 데리고 모든 소유를 가지고 떠납니다. 그리고 얍복 나루에 이르러 모든 소유와 가족을 먼저 건너가게 하고 홀로 남았을 때 어떤 사람과 날이 새도록 씨름하면서 간절히 원하던 축복을 받게 되었지만, 야곱은 허벅지 관절을 맞아 다리를 절게 됩니다. 또, 이미 큰 부자였던 야곱은 더 큰 부자가 되기 위해 세겜이라는 도시에 자리를 잡고 부를 축적하였지만, 그 대가로 그는 명예를 잃게 됩니다. 딸 디나가 그 땅의 추장 세겜의 아들에게 성폭행을 당하자 야곱의 아들들은 동생의 복수를 위해 추장을 비롯한 모든 사람을 학살하고 세겜을 약탈함으로써 언약의 자손들인 야곱의 자손들은 강도떼가 되어 버립니다. 하나님의 귀한 언약의 자손들이 세상의 부를 차지하려고 정체성을 잃어버린 것입니다.

그리고 인생의 후반부에는 그가 사랑했던 아내 라헬에게서 낳은 아들 요셉을 잃어버리는 사건이 발생합니다. 아버지의 사랑을 독차지한 요셉을 다른 형들이 시기하여 그를 죽이려고 하다가 죽이지는 않고 팔아버렸고, 열 명의 아들들은 요셉이 죽었다는 거짓말로 아버지 야곱을 속였습니다. 아버지 이삭을 속였던 야곱이, 이제는 자기 아들들에게 속임을 당합니다. 그 이후 20년 넘게 야곱은 아들 요셉이 진짜 죽은 줄 알고 지냅니다. 많은 부를 축적하고 원하는 바를 다 이루었지만, 야곱의 삶에는 어두운 그림자, 측은한 그림자, 외로움의 그림자가 드리워져 있습니다.

야곱의 삶이 성공한 삶이었는지 실패한 삶이었는지를 떠나 성경은 야곱의 생애를 또 다른 관점에서 이해할 수 있도록 우리를 도와줍니다. 창세기의 구성을 보면 아브라함 이야기가 13장 정도, 요셉의 이야기가 14장 정도, 그리고 이삭의 이야기가 4장 정도 되는데, 야곱의 이야기는 16장이나 됩니다. 그만큼 야곱의 생애가 파란만장했음을 알 수 있습니다. 이처럼 야곱의 파란만장했던 삶을 하나님께서 어떻게 인도하셨는지 살펴보도록 하겠습니다. 야곱의 생애를 이해하는 데 중요한 키는 창세기 28장 3-4절입니다.

'전능하신 하나님이 네게 복을 주시어 네가 생육하고 번성하게 하여 네가 여러 족속을 이루게 하시고 아브라함에게 허락하신 복을 네게 주시되 너와 너와 함께 네 자손에게도 주사 하나님이 아브라함에게 주신 땅 곧 네가 거류하는 땅을 네가 차지하게 하시기를 원하노라'

이는 이삭이 에서인 줄 알고 야곱에게 축복하는 장면입니다. 그런데 이 복은 하나님께서 아브라함에게, 그리고 아브라함이 이삭에게 준 약속이었고 이제 이 약속이 단순히 생육하고 번성하라는 것이 아니라 땅의 언약, 자손의 언약, 하나님의 약속이 야곱에게로 이어지는 것을 보여주고 있습니다.

그런데 이삭이 에서인 줄 알고 준 축복을 야곱이 받았다면, 그 복이 누구에게 가는 것이 맞는 것일까요? 그것을 하나님께서 확증지어 주십니다. 창세기 28:12-13절에 보면 야곱이 꿈을 꾸는 장면이 등장하고 '나는 여호와니 너의 조부 아브라함의 하나님이요 이삭의 하나님이라 네가 누워 있는 땅을 내가 너와 네 자손에게 주리니(창 12:13)'라고 말씀하십니다. 이 꿈은 야곱만 꿀 수 있었던 꿈입니다. 언약의 자손만이 누릴 수 있는 축복이요 꿈입니다. 우리가 언약의 자손이라는 신분을 절대로 소홀히 여겨서는 안 됩니다. 하나님께서 우리에게 주시는 꿈과 우리에게 깨닫게 하시는 이 진리는 우리가 하나님의 백성이기 때문에 누릴 수 있는 꿈과 진리입니다.

그리고 이 꿈을 꾼 야곱은 아침에 일찍 일어나 베개로 삼았던 돌을 가져다가 기둥으로 세우고 그 위에 기름을 붓고 그곳의 이름을 벧엘(하나님이 계신 곳)이라고 선포합니다(창 28:16-19). 그리고 야곱은 꿈에서 '내가 너와 함께하겠다'라고 말씀하신 하나님을 향해, '하나님께서 나와 함께하셔서 나에게 떡과 옷을 주시고 내가 평안히 아버지의 집으로 돌아가게 하시면 여호와는 나의 하나님이 되실 것이요, 내가 세운 이 돌은 하나님의 집이 될 것이요, 내게 주신 모든 것에서 십분의 일을 내가 반드시 하나님께 드리겠습니다(창 28:20-22)'라고 서원합니다. 그런데 이 약속은 야곱의 생애서 굉장히 중요한 약속이고, 하나님께서는 이 약속을 기억하십니다.

이제 야곱은 외삼촌 라반의 집에서 양 치는 일을 도우며, 사랑하는 라헬을 얻기 위해 열심히 일합니다. 그러나 아내를 얻는 과정은 순탄하지 않았고, 뜻하지 않게 맞이한 여러 아내들간의 출산 전쟁이 벌어집니다. 외삼촌 라반은 사위인 야곱을 어떻게든지 이용하여 자신이 챙길 이익만 생각합니다. 상황이 이쯤 되면, '하나님께서는 과연 야곱과의 약속을 지키실까?'라는 의문이 생깁니다. 그런데도 야곱은 '내 아버지의 하나님은 나와 함께 계셨느니라(창 31:5)'고백하였고, 그의 아내들에게 '그대들의 아버지가 나를 속여 품삯을 열 번이나 변경하였으나 하나님이 그를 막으사 나를 해치지 못하게 하셨다(창 31:7)'라고 말합니다. 라반은 품삯만 안 준 것이 아니라 해치려고까지 했지만, 하나님께서 이를 막으셨던 것입니다. 무슨 뜻입니까? 하나님께서는 약속을 지키시는 분이십니다.

이제 야곱은 모든 소유와 모든 가족을 데리고 야반도주하였고 이를 뒤늦게 알게 된 라반은 야곱을 죽이겠다고 뒤쫓아 옵니다. 그러나 그날 밤 하나님께서 라반의 꿈에 나타나셔서 야곱을 해치지 못하도록 말씀하십니다(창 31:24). 이처럼 야곱이 경험하는 하나님은 약속을 지키시는 하나님이십니다. 그리고 야곱의 꿈에 나타나신 하나님께서는 라반이 네게 행한 모든 것을 보았다고 하시면서 '나는 벧엘의 하나님이라 네가 거기서 기둥에 기름을 붓고 거기서 내게 서원하였으니 지금 일어나 이곳을 떠나서 네 출생지로 돌아가라(창 31:11-13)' 말씀하십니다. 하나님께서는 내가 너와의 약속을 지켰으니, 너도 나에게 한 약속을 지키라고 말씀하시는 것입니다.

이것이 왜 중요한 것일까요? 지금 야곱이 있는 곳은 하나님께서 아브라함과 이삭에게 허락하신 약속의 땅에서 1,000km 이상 떨어져 있는 곳이기 때문에, 하나님께서는 언약을 받은 야곱을 약속하신 곳으로 보내시려는 것입니다. 그러나 야곱은 자기를 죽이려고 벼르고 있는 형 에서 때문에 돌아갈 수 없는 상황인데도, 하나님께서는 그 일에 대한 말씀은 하지 않으시고, '내가 너와 함께하겠다!'라는 말씀만 하십니다. 이는 환경이나 상황을 보지 말고 여호와 하나님만 바라보라는 것입니다. 우리는 때때로 합리와 이성을 앞세워 냉철하게 계산하지만, 하나님께서는 믿음을 요구하십니다. 이렇듯 야곱은 등 떠밀려 가듯이 마침내 고향을 향해 출발하였고, 형 에서가 400명의 군대를 이끌고 야곱을 맞으러 온다는 소식을 접하게 됩니다.

이 소식을 들은 야곱은 얼마나 마음을 졸였을까요?
그래서 야곱은 하나님을 향해 '주께서 말씀하시기를 내가 반드시 네게 은혜를 베풀어 네 씨로 바다의 셀 수 없는 모래와 같이 많게 하리라 하셨나이다(창 32:12)'라고 기도합니다.

야곱의 스토리를 보면, 재미있게도 항상 하나님께서 먼저 출발하시고, 하나님께서 먼저 말씀하시면 그제야 야곱이 반응을 합니다. 그런데 야곱의 전 생애를 통틀어 유일하게 야곱이 먼저 하나님께 기도하는 장면이 바로 이 장면입니다. 그만큼 지금 야곱은 절박한 상황입니다. 그런데 그 기도의 내용은, 쉽게 말하자면 하나님과의 계약서를 내밀면서 '하나님, 그 약속 기억하고 계시죠?'라고 묻고 있습니다. 그리고 기도에 응답하시는 하나님께서 얍복 나루에서 어떤 사람의 모습으로 나타나 야곱과 밤새 씨름을 합니다. 여기서 우리는 야곱의 집요함을 볼 수 있습니다. 야곱은 밤새 씨름하며 '당신이 내게 축복하지 아니하면 가게 하지 아니하겠나이다(창 32:26)'라고 말합니다. 그리고 마침내 축복을 받아냅니다(창 32:29). 다쳤음에도 불구하고 야곱은 악착같이 성공하고 싶은 욕망으로 가득했던 사람입니다.

이제 우리가 잘 아는 바와 같이 에서를 만난 야곱은 형과 화해를 합니다. 이제 모든 것이 해결되었으니 야곱은 마땅히 하나님과 맺은 약속을 따라 벧엘로 가야 하는데도 벧엘로 가지 않고 세겜으로 갑니다. 야곱의 본심은 성공과 돈밖에 없었던 것입니다. 정말 힘들고 어려울 때, 지팡이 하나 들고 고향을 떠났을 때, 야곱은 여호와 하나님 앞에 나아가 하나님을 향해 이런저런 서원을 했지만, 이제 모든 것이 해결되고 숨 쉴 만하니까 바로 마음이 변하여 본심을 드러냅니다. 그리고 그곳에서 앞서 말씀드린 대로 야곱의 딸 디나의 사건으로 언약의 자녀들이 강도떼로 전락하게 됩니다. 야곱은 자신이 원하는 부와 성공을 얻었지만, 언약의 아들들이 세상의 아들들로 변해버린 것입니다. 이 내용은 창세기 34장에 언급되고 있는데, 창세기 34장에는 여호와 하나님이 한 번도 등장하지 않습니다.

이때 여호와 하나님께서 개입하시면서 다시 '벧엘로 가라!' 말씀하십니다

(창 35:1). 하나님께서는 야곱에게 약속을 지키라고 요구하셨고, 마침내 야곱이 벧엘을 향해 떠나려고 준비하는 과정에서 야곱 가정의 실체가 드러납니다. 하나님을 따른다고 하면서도 이방 신상을 따랐고, 자기 멋대로 행했던 것입니다. 하나님께서는 이 모든 것을 정리하게 하시고 정화시킨 다음, 벧엘로 올라가게 하십니다(창 35:2-3).

그런데 세겜을 멸망시키고 야곱의 가족들이 떠났으나 놀랍게도 추격하는 자들이 없었다고 기록하고 있습니다. 그 이유는 하나님께서 개입하셨기 때문입니다(창 35:5-7). 여기서 우리는 하나님이 어떤 분이신지 또 깨닫게 됩니다. 하나님은 하나님께 순종하고 하나님을 전적으로 의지하고 하나님을 향해 달려오는 자를 보호하십니다. 우리의 마음은 조석으로 변한다고 해도 우리를 향한 하나님의 마음은 변함이 없으십니다.

그렇다면 하나님께서는 왜 이토록 야곱을 벧엘로 가게 하신 것일까요? 이제까지 야곱은 꿈을 통해 하나님을 만날 수 있었지만, 벧엘에 이르러서는 하나님께서 직접 야곱과 대면하시면서 아브라함에게 해 주셨던 약속을 다시 맺어주십니다(창 35:10-13). 이 약속을 지키는 것이 왜 이처럼 왜 중요한 것일까요? 이 약속의 핵심은 땅과 후손으로 인해 세상 모든 사람이 복을 받게 하는 것이기 때문입니다. 이것이 하나님의 계획입니다. 하나님의 궁극적인 목표는 아브라함으로부터 이어지는 그 가문의 축복이 아니라 세상 모든 사람이 복을 받는 것입니다. 이것을 지켜가시고 기어이 이루시는 하나님이심을 우리에게 보여주고 있습니다.

그러므로 야곱을 기어이 벧엘로 가게 하신 이유는 어떤 일이 있어도 약속을 지키시는 하나님이심을 깨닫게 하려는 것입니다. 그리고 하나님의 이 약속은 아브라함의 후손으로 오신 예수 그리스도로 말미암아 마침내 예수님을 믿는 모든 사람이 복을 받음으로 성취됩니다. 하나님께서는 우리에게 복을 주십니다. 우리가 받은 복으로 호의호식하는 것으로 끝나는 복이 아니라 우리를 통해 하나님이 계획하신 더 많은 사람이 복을 받도록 하기 위함입니다.

야곱이 벧엘에 이르렀을 때, 하나님께서는 얍복 나루에서 주셨던 야곱의 새 이름, '이스라엘'을 다시 한번 확인시켜 주십니다(창 35:10). 무슨 의미일까요? 약속을 지키는 경험을 통해 새 이름을 주셨고, 이 이름을 통해 야곱은 변화됩니다. 이제 야곱은, 축복을 받기 위해 수단과 방법을 가리지 않던 사람에서 변화되어 오히려 축복을 해주는 사람으로 변합니다(창 48:15-16). 이 모습이 바로 그리스도인의 가장 아름다운 모습입니다. 하나님께서는 우리에게도 동일하게 말씀하십니다.

'하나님과의 약속을 기억하고 벧엘로 올라가라!'

하나님과의 약속을 지키는 자가 되도록, 하나님 앞에 나아오는 자가 되도록, 지금도 하나님께서는 우리를 인도하고 계십니다.

Writing Jesus · Reading Jesus · **Sharing Jesus** · Praying Jesus

❶ 나는 지금까지 살아온 인생 속에서 하나님과의 약속을 어떻게 기억하고 살아왔는가?

하나님은 야곱의 삶을 따라가며 하나님께서 주신 약속(벧엘의 서원)과 그 약속을 신실하게 지키십니다.

 나는 과거에 하나님 앞에서 한 약속을 잊지 않고 기억하며 살아가고 있는가? 인생의 고난이나 성공 앞에서 그 약속이 내 삶의 방향을 결정짓는 기준이 되었는가?

❷ 나는 지금 '축복을 받으려는 사람'인가, 아니면 '축복을 빌어주는 사람'인가?

야곱은 과거에는 축복을 받기 위해 형과 아버지를 속이기도 했지만, 말년에 이르러 손자들을 위해 복을 빌어주는 축복의 통로로 변화되었습니다.

 나는 다른 사람들을 향해 어떤 말을 하고 있는가? 내 기도와 말은 내가 복을 받기 위한 것이 더 많은가, 아니면 다른 사람을 축복하는 데 집중하고 있는가?

❸ 지금 내 삶에서 하나님이 '벧엘로 올라가라'고 하시는 영역은 어디인가?
하나님께서는 야곱에게 벧엘로 돌아가라는 메시지를 통해, 언약의 회복과 신앙의 중심으로의 회귀를 촉구하십니다.

 나는 어떤 부분에서 하나님 앞에 다시 서야 하는가? 하나님과의 관계, 가정의 회복, 예배의 자리, 혹은 잃어버린 소명일 수도 있다. 지금 하나님이 나를 다시 부르시는 곳은 어디인가?

마지막으로 야곱은 요셉을 향해 말합니다. '나는 죽으나 하나님께서 너희와 함께하실 것이다(창 48:21)' 야곱은 자기 평생 함께하신 하나님을 기억하면서 요셉에게 '그 하나님을 기대하라'고 말합니다.

약속을 지키시는 하나님 아버지!
주님, 저희도 환경과 상황만 바라보며 계산할 때가 많았음을
고백합니다. 그러나 약속하신 주님만을 신뢰하며
주님이 부르신 벧엘로 돌아가기를 원합니다.
주여, 우리가 받기만 하는 사람이 아니라
축복을 빌어주는 사람, 복의 통로가 되게 하옵소서.
우리의 길을 끝까지 책임지시고,
새 이름으로 변화시키신 하나님,
저희를 주님의 부르심 앞에 세우시고,
하나님과의 약속을 지키는 자로 살게 하옵소서.
예수 그리스도의 이름으로 기도드립니다. 아멘!

Writing Jesus · Reading Jesus · Sharing Jesus · **Praying Jesus**

04 Writing Jesus · Reading Jesus · Sharing Jesus · Praying Jesus

하나님께 집중하라

출애굽기 20:18-26

18 뭇 백성이 우레와 번개와 나팔 소리와 산의 연기를 본지라 그들이 볼 때에 떨며 멀리 서서 19 모세에게 이르되 당신이 우리에게 말씀하소서 우리가 들으리이다 하나님이 우리에게 말씀하시지 말게 하소서 우리가 죽을까 하나이다 20 모세가 백성에게 이르되 두려워하지 말라 하나님이 임하심은 너희를 시험하고 너희로 경외하여 범죄하지 않게 하려 하심이니라 21 백성은 멀리 서 있고 모세는 하나님이 계신 흑암으로 가까이 가니라 22 여호와께서 모세에게 이르시되 너는 이스라엘 자손에게 이같이 이르라 내가 하늘로부터 너희에게 말하는 것을 너희 스스로 보았으니 23 너희는 나를 비겨서 은으로나 금으로나 너희를 위하여 신상을 만들지 말고 24 내게 토단을 쌓고 그 위에 네 양과 소로 네 번제와 화목제를 드리라 내가 내 이름을 기념하게 하는 모든 곳에서 네게 임하여 복을 주리라 25 네가 내게 돌로 제단을 쌓거든 다듬은 돌로 쌓지 말라 네가 정으로 그것을 쪼면 부정하게 함이니라 26 너는 층계로 내 제단에 오르지 말라 네 하체가 그 위에서 드러날까 함이니라

18 When the people saw the thunder and lightning and heard the trumpet and saw the mountain in smoke, they trembled with fear. They stayed at a distance 19 and said to Moses, 'Speak to us yourself and we will listen. But do not have God speak to us or we will die.' 20 Moses said to the people, 'Do not be afraid. God has come to test you, so that the fear of God will be with you to keep you

Writing Jesus · Reading Jesus · Sharing Jesus · Praying Jesus

04 **Writing Jesus** · Reading Jesus · Sharing Jesus · Praying Jesus

from sinning.' 21 The people remained at a distance, while Moses approached the thick darkness where God was. 22 Then the LORD said to Moses, "Tell the Israelites this: 'You have seen for yourselves that I have spoken to you from heaven: 23 Do not make any gods to be alongside me; do not make for yourselves gods of silver or gods of gold. 24 " 'Make an altar of earth for me and sacrifice on it your burnt offerings and fellowship offerings, your sheep and goats and your cattle. Wherever I cause my name to be honored, I will come to you and bless you. 25 If you make an altar of stones for me, do not build it with dressed stones, for you will defile it if you use a tool on it. 26 And do not go up to my altar on steps, lest your nakedness be exposed on it.'

Writing Jesus · Reading Jesus · Sharing Jesus · Praying Jesus

Writing Jesus · **Reading Jesus** · Sharing Jesus · Praying Jesus

하나님께 집중하라

　일반적인 사람들에게는 진짜 보석과 가짜 보석을 식별할 능력이 없습니다. 그저 비싼 명품 브랜드의 선물 박스 안에 있는 보석은 왠지 진짜 같은 생각이 들고 길바닥에 떨어져 있는 반짝이는 무언가는 가짜일 거라는 생각을 가지고 있을 뿐입니다. 그렇다면 무엇이 진짜일까요? 오늘 우리는 본문 말씀을 통해 우리가 진짜가 되기를 바라시는 하나님의 뜻을 생각해 보려고 합니다. 본문은 십계명을 주신 다음, 바로 이어서 주신 말씀입니다. 십계명은 율법의 코어, 중심 뼈대가 되는 말씀이자 대들보와 같은 말씀입니다. 그리고 그 뼈대를 감싸는 살과 같은 기타 율법의 말씀들을 계속해서 주십니다. 그런데 하나님께서 십계명 하나 겨우 말씀하셨는데, 이스라엘 백성들은 다 두려워 떨며 더 이상 못 듣겠다고 말합니다. 왜 그랬을까요?

　출애굽기 19:16-19절에 보면, '우레와 번개와 빽빽한 구름이 산 위에 있고 나팔소리가 매우 크게 들리니 진중에 있는 모든 백성이 다 떨더라'라고 표현합니다. 바로 하나님께서 임재하신 모습입니다. 출애굽 당시 열 가지 재앙 중에 일곱째 재앙이 우렛소리와 우박이었습니다. 우리도 가끔 경험하지만, 우렛소리는 자다가도 놀라서 깰 만큼 공포를 느끼게 합니다. 귀가 찢어질 듯한 엄청난 소리가 들리고 그 장엄함 가운데 하나님께서 말씀하시니 이스라엘 백성들은 엄청난 하나님의 영광 앞에 압도당하고 만 것입니다. 이 모습을 성경에서는 '두려워 떨었다'라고 묘사하고 있습니다.

무서워서 점점 뒷걸음질하고 있습니다. 그래서 이스라엘 백성들은 모세를 향해 '당신이 우리에게 말씀하소서 우리가 들으리이다 하나님이 우리에게 말씀하시지 말게 하소서 우리가 죽을까 하나이다(출 20:19)'라고 말합니다. 이것이 하나님의 영광 앞에 선 모든 피조물의 반응입니다. 우리는 이 사실을 통해 하나님의 영광은 신기한 구경거리가 아니라는 사실도 깨닫게 됩니다.

그런데 모세는 백성을 향하여 '두려워하지 말라 하나님이 임하심은 너희를 시험하고 너희로 경외하여 범죄하지 않게 하려 하심이니라(출 20:20)' 말합니다. 이제 백성은 멀리 서 있고 모세는 하나님이 계신 흑암으로 가까이 갑니다(출 20:21). 여기서 흑암은 '인간이 이해할 수 있는 한계를 넘어 존재하시는 분'이란 의미입니다.

하나님의 영광의 본질을 우리 인간으로서는 알 수 없다는 뜻입니다. 흥미로운 것은 모세가 하나님과 40일을 함께 보낸 뒤, 시내 산에서 내려왔을 때 그의 얼굴의 광채로 인하여 백성들이 가까이 가기를 두려워하였으므로 모세는 수건으로 자기 얼굴을 가렸다는 것입니다(출 34:29-33). 하나님의 영광의 빛이 모세에게 스며든 것입니다.

이제 하나님께서 모세만 하나님의 영광 앞에 나오도록 허락하시고 이스라엘 백성들에게는 엄중하게 경고하십니다. 출애굽기 20:22-26절에 보면, 하나님께서 이스라엘 백성들에게 '나를 기념하기 위한 신상을 만들지 말라, 토단을 쌓고 번제와 화목제를 드려라, 돌로 제단을 쌓을 때는 다듬은 돌로는 쌓지 말라, 층계로 제단에 오르지 말라'라고 경고하십니다. 하나님의 이 말씀은 매우 중요한데, 이 말씀의 의도를 이해하기 위해서는 출애굽기 후반부에 등장하는 율법과 규정들을 큰 맥락에서 이해할 필요가 있습니다.

우리가 성경 통독을 할 때, 출애굽기 20장 이후부터는 읽기가 쉽지 않은 것은 십계명 이후부터 여러 가지 법과 율례와 규례 등의 내용이 나오기 때문입니다. 종에 관한 법, 폭행과 배상, 도덕에 관한 법, 공평에 관한 법 등 자비와 긍휼과 공평에 관한 법들이 열거되고 있고 성소와 성막과 제단, 등불 관리, 제사장의 옷 등에 관한 법을 다룬 내용도 있습니다.

그런데 그 순서를 살펴보면 하나님께서는 자비와 긍휼과 공평에 관한 내용을 먼저 말씀하신 다음, 성소 등에 관한 법을 말씀하십니다. 출애굽기 20장에 십계명의 내용이 나오고, 21장에는 바로 종에 관한 법이 나옵니다. 그리고 23장에서는 안식년과 안식월에 관한 법을 말씀하시면서 '쉬라, 숨을 돌리라' 말씀하십니다.

왜 하나님께서는 제사와 제단에 관한 법규보다 자비와 긍휼과 공평에 대해 먼저 말씀하시는 것일까요? 그 이유는 바로 이스라엘 백성들이 하나님의 성품을 닮은 사람이 되기를 원하셨기 때문입니다. 하나님의 자녀, 예수님의 제자, 성령님의 거룩한 성전이 된 우리를 향해 하나님께서는 '나를 닮으라!'라고 말씀하십니다. 하나님을 닮고 예수님을 닮고 성령님을 닮는 것, 여기에 초점이 있는 것입니다. 하나님을 닮은 이런 성품과 자비와 긍휼과 공평과 사랑이 없는 사람들이 성소와 제단과 제사만 준비한다면 이방 신전과 다를 것이 없다는 것입니다. 하나님의 성품 없이 드리는 제사는 짐승을 그냥 죽이는 도살장과 같습니다. 준비되지 않는 예배자들이 하나님 앞에 예배드리는 것은 그냥 종교 행위에 지나지 않습니다.

그러므로 하나님의 백성에 대한 하나님의 요구는 명확합니다. 하나님께서는 종교가 아니라 믿음을 요구하시고 관계를 원하시고 자비와 긍휼과 공평의 성품 갖기를 원하십니다. 출애굽기의 이런 맥락에서 '토단을 쌓으라, 돌로 제단을 쌓을 때는 정으로 다듬지 않은 돌로 쌓으라, 단은 높게 쌓지 말라'는 말씀의 뜻은 제단을 신경쓰지 말고 하나님께만 집중하라는 것입니다.

제단을 무엇으로 만들고 얼마나 훌륭하게, 탁월하게, 얼마나 크게, 얼마나 높게 만드는 것이 중요한 것이 아니라는 것입니다. 그런데 왜 불교나 이슬람교나 타 종교 시설은 웅장하고 압도적인 규모의 종교 시설들을 갖고 있을까요? '하나님께 집중하라'라는 말씀을 중심으로 생각해 보면, 실체가 없기 때문이라는 것을 깨닫게 됩니다. 바로 진짜가 아니라는 것입니다. 역설적으로 만약 실체가 있고 진짜가 있다면, 크고 웅장하고 압도적인 건물이나 제단이 굳이 필요치 않다는 것입니다.

참된 하나님, 살아계신 하나님, 그 하나님의 임재와 하나님의 계시, 그 하나님의 하나님 되심이 드러나는 곳이라면, 바로 그 하나님의 영광에 사람들은 압도되고 변화되고 새롭게 되는 것입니다. '토단을 쌓으라, 다듬지 않은 돌로 제단을 쌓으라, 단은 높이 쌓지 말라'는 하나님의 말씀은, 진짜 중요한 것은 하나님의 임재, 그곳에 하나님이 임하심이 있어야 한다는 것입니다.

그렇다면, 예배하는 사람이 구해야 할 것은 무엇일까요? 예배하는 사람이 하나님 앞에 바라야 할 것은 무엇일까요? 하나님의 영광을 경험하기를 바라고, 하나님의 은혜가 나타나기를 원하고, 성령께서 역사하시기를 바라야 합니다. 우리가 바라는 것은 바로 하나님 자신입니다. 하나님의 임재입니다. 우리가 하나님의 영광 앞에 설 때, 사람은 비로소 변화되고, 하나님을 만난 자가 하나님을 바로 섬기게 됩니다.

인간의 모든 기술과 과학의 힘으로 지어진 화려한 건축물은 사람을 겸손하게 하기보다는 사람을 교만하게 만듭니다. 최고의 건축가, 최고의 설계자, 최고의 자재 등을 말합니다. 하지만 하나님께서는 그것을 원하지 않으십니다. 하나님께서는 제단이 아니라 우리와의 친밀한 관계를 원하십니다. 하나님께서는 하나님의 성품, 바로 자비와 긍휼과 공평과 사랑을 요구하십니다. 가장 중요한 것은 바로 하나님 자신입니다. 그래서 예수님께서는 '너희가 이 성전을 헐라 내가 사흘 동안에 일으키리라(요 2:19)' 말씀하십니다. 예수님 시대의 성전은 이스라엘 백성들의 자랑이었습니다.

예수님께서 다시 일으키시는 성전은 자기의 육체 곧 예수님의 몸, 부활을 말씀하신 것입니다(요 2:21). 예수님께서는 왜 자기의 육체를 성전이라고 말씀하셨을까요? 진짜 성전은 하나님의 임재가 있는 곳이기 때문입니다. 진짜 성전은 하나님과 죄인이 화목하게 되고, 평화를 누리고 화평을 회복하는 것입니다. 진짜 성전은 관계가 회복되고 문제가 해결되고 매듭이 풀어지고 인간의 완악함과 교만함이 겸손으로 회복되는 곳, 그곳이 진짜 성전입니다.

그렇다고 해서 예배당이 필요 없다는 것은 아닙니다. 우리가 예배 공간을 갖는 이유는 예배를 위해 필요한 깨끗하고 정결한, 구별된 공간이 필요하기 때문입니다. 하나님께서 말씀하시는 의도는, 중요한 것은 하나님 자신이시라는 것입니다.

Writing Jesus · Reading Jesus · **Sharing Jesus** · Praying Jesus

❶ 나는 예배의 자리에 나아갈 때, 하나님 자신을 구하고 있는가, 아니면 무언가를 얻기 위한 수단으로 삼고 있는가?

하나님께서 원하시는 것은 '형식이나 웅장한 제단'이 아니라 하나님의 임재 자체입니다.

 나는 예배하면서 진정으로 하나님 자신을 사모하고 있는가? 아니면 응답, 기적, 축복만을 바라고 있는가?

❷ 하나님께서 나에게 요구하시는 '자비, 긍휼, 공평'의 성품은 내 삶에 어떻게 드러나고 있는가?

출애굽기의 흐름은 성막과 제사 이전에 이웃을 향한 윤리와 하나님의 성품을 닮은 삶을 강조합니다.

 나는 하나님을 닮은 삶, 곧 자비롭고, 공평하고, 긍휼히 여기는 태도를 삶에서 실천하고 있는가?

Writing Jesus · Reading Jesus · **Sharing Jesus** · Praying Jesus

❸ 하나님의 임재 앞에서 나는 어떤 반응을 보이고 있는가?

백성들은 하나님의 임재 앞에 두려워 물러섰고, 모세는 임재하신 하나님께 가까이 나아갔습니다. 하나님은 참된 예배자와의 친밀한 관계를 원하십니다.

 나는 하나님의 영광 앞에 서는 것을 두려워하며 뒷걸음치고 있는가? 아니면 그분의 임재를 사모하며 가까이 나아가는가?

그러므로 우리는 하나님의 임재를 간절히 바라야 합니다. 주여! 제게 임재하여 주옵소서! 우리 가정, 우리 다락방에, 우리 공동체에 하나님께서 임하여 주옵소서! 하나님께서 우리 가운데 임하실 때 우리는 변화될 것입니다.

거룩하시고 자비로우신 하나님 아버지!
예배의 본질이 형식과 외형이 아니라
주님께 집중하는 것임을 깨닫게 하시니 감사합니다.
주님, 저희가 사람의 시선을 의식하는 예배자가 아니라
주님의 임재와 주님의 성품을 사모하는
참된 예배자가 되게 하옵소서.
주님, 우리의 마음을 다른 어떤 것보다
하나님 한 분께 고정하게 하시고,
주님의 임재 앞에서 변화되고 새롭게 되는
은혜를 누리게 하옵소서.
우리의 예배와 삶을 받으시는 예수 그리스도의 이름으로
기도드립니다. 아멘.

Writing Jesus · Reading Jesus ⅡⅡ · Sharing Jesus · **Praying Jesus**

05
Writing Jesus · Reading Jesus · Sharing Jesus · Praying Jesus

소제의 규례

레위기 2:1-2, 10-16

¹ 누구든지 소제의 예물을 여호와께 드리려거든 고운 가루로 예물을 삼아 그 위에 기름을 붓고 또 그 위에 유향을 놓아 ² 아론의 자손 제사장들에게로 가져갈 것이요 제사장은 그 고운 가루 한 움큼과 기름과 그 모든 유향을 가져다가 기념물로 제단 위에서 불사를지니 이는 화제라 여호와께 향기로운 냄새니라 -중략- ¹⁰ 소제물의 남은 것은 아론과 그의 아들들에게 돌릴지니 이는 여호와의 화제물 중에 지극히 거룩한 것이니라 ¹¹ 너희가 여호와께 드리는 모든 소제물에는 누룩을 넣지 말지니 너희가 누룩이나 꿀을 여호와께 화제로 드려 사르지 못할지니라 ¹² 처음 익은 것으로는 그것을 여호와께 드리나 향기로운 냄새를 위하여는 제단에 올리지 말지며 ¹³ 네 모든 소제물에 소금을 치라 네 하나님의 언약의 소금을 네 소제에 빼지 못할지니 네 모든 예물에 소금을 드릴지니라 ¹⁴ 너는 첫 이삭의 소제를 여호와께 드리거든 첫 이삭을 볶아 찧은 것으로 네 소제를 삼되 ¹⁵ 그 위에 기름을 붓고 그 위에 유향을 더할지니 이는 소제니라 ¹⁶ 제사장은 찧은 곡식과 기름을 모든 유향과 함께 기념물로 불사를지니 이는 여호와께 드리는 화제니라

¹ " 'When someone brings a grain offering to the LORD, his offering is to be of fine flour. He is to pour oil on it, put incense on it ² and take it to Aaron's sons

Writing Jesus · Reading Jesus · Sharing Jesus · Praying Jesus

the priests. The priest shall take a handful of the fine flour and oil, together with all the incense, and burn this as a memorial portion on the altar, an offering made by fire, an aroma pleasing to the LORD. (······) 10 The rest of the grain offering belongs to Aaron and his sons; it is a most holy part of the offerings made to the LORD by fire. 11 " 'Every grain offering you bring to the LORD must be made without yeast, for you are not to burn any yeast or honey in an offering made to the LORD by fire. 12 You may bring them to the LORD as an offering of the firstfruits, but they are not to be offered on the altar as a pleasing aroma. 13 Season all your grain offerings with salt. Do not leave the salt of the covenant of your God out of your grain offerings; add salt to all your offerings. 14 " 'If you bring a grain offering of firstfruits to the LORD, offer crushed heads of new grain roasted in the fire. 15 Put oil and incense on it; it is a grain offering. 16 The priest shall burn the memorial portion of the crushed grain and the oil, together with all the incense, as an offering made to the LORD by fire.

Writing Jesus · Reading Jesus · Sharing Jesus · Praying Jesus

Writing Jesus · **Reading Jesus** · Sharing Jesus · Praying Jesus

소제의 규례

레위기 말씀은 여러 가지 어려운 용어들로 인해 굉장히 어려운 책이고 재미없는 말씀이라고 생각되기도 하지만, 그 안에 담고 있는 내용이 무슨 의미이고, 어떤 메시지를 담고 있는지를 정리하면서 통독하면, 읽으면 읽을수록 은혜로운 말씀이고 깊이가 있는 대단히 중요한 책이라는 사실을 발견하게 됩니다. 오늘은 레위기에 나오는 여러 제사 중 소제를 중심으로 말씀을 생각해 보려고 합니다. 소제(素祭)는 우리가 잘 알고 있는 바와 같이, 곡물로 드리는 곡물 제사이고 피 없이 드리는 유일한 제사입니다. 또 소제는 단독으로 드리기도 하고 번제나 화목제와 함께 드릴 수도 있습니다. 우리가 소제의 원리를 이해하기 위해서 한 가지 기억해야 할 것이 있는데, 레위기에 나오는 모든 제사의 제물은 그냥 짐승으로서 소, 양, 염소, 비둘기가 아니라 제사를 드리는 그 사람을 상징하는 것으로, 제물에 안수하면서 자기의 죄를 전가 합니다. 하지만 소제에 사용되는 곡식에는 안수하지 않습니다. 그 이유는 곡식 자체가 곡식을 드리는 사람, 곧 자기 자신을 의미하기 때문입니다.

이 소제의 또 한가지 중요한 특징은 반드시 드려야 하는 제사가 아니라 감사와 기쁨이 있을 때 자원해서 드리는 제사라는 것입니다. 소제는 곡식을 정성스럽게 빻아 흰 가루로 드리는 제사입니다. 한자 사전에서 '소(素)'를 찾아보면, 희다는 뜻 외에도 여러 가지 뜻을 포함하고 있는데 그중에 '미천하다, 하찮다'라는 뜻도 있습니다. 이는 랍비들의 해석처럼, 이스라엘 백성 중에 마치 사르밧 과부처럼 비둘기조차 구할 수 없는 형편의 가난한 사람들에게는 자신의 생명과도 같은 마지막 남은 곡식을 하나님께 드리는 경우가 있는데, 이런 경우 소나 양의 제물과 비교했을 때 제물로서는 미천해 보일 수도 있었을 것입니다. 하지만 그런 상황에서도 하나님께 소망을 두고 하나님 앞에 나아가 하나님과 교제하기를 원하는 성도가 자신의 염원과 진정성을 담아 드리는 제사가 소제입니다. 그래서 소제는 단순히 곡식으로 드리는 제사이지만 그 제사에는 대단히 중요한 의미가 있습니다.

번제는 완전히 다 태워서 드리는 제사로 하나님을 경외하는 예배에 초점을 맞춘 제사인 반면, 소제는 하나님과 교제하는데 초점을 맞추고 있습니다. 우리가 살아계신 하나님과 교제를 나눌 때, 우리의 영육이 윤택해지고 풍성한 은혜 속에 살아가게 됩니다. 하나님의 임재를 경험하고 하나님의 은혜가 우리에게 덧입혀지기 때문입니다. 하나님과의 교제가 단절되면 우리는 빛을 볼 수 없고 의가 덧씌워지지 않기 때문에 죄가 우리를 통제하고 죄에 눌려 살아가는 인생이 되고 맙니다. 그래서 이스라엘 백성들은 소제를 통해 하나님과의 교제를 누린 것입니다. 하나님과 교제의 중요성을, 요한1서 1:3절에서는 '우리의 사귐은 아버지와 그의 아들 예수 그리스도와 더불어 누림'이라 하고, 고린도전서 1:9절에서는 '너희를 불러 그의 아들 예수 그리스도 우리 주와 더불어 교제하게 하시는 하나님은 미쁘시도다' 말씀하십니다. 우리는 예수 그리스도와 사귀기 위해, 그분과 교제하기 위해 부름을 받았습니다.

여기서 '교제'라는 용어는 성경적 용어로, 예수 그리스도와의 교제를 통해 우리는 구약시대의 소제를 신약적으로 누리게 됩니다.

소제를 드릴 때 중요한 첫째 원리는 곡식을 알갱이 그대로 드리는 것이 아니라 고운 가루로 빻아서 드려야 하는 것을 말합니다.. 곡식을 빻기 위해서는 껍질을 모두 벗겨서 맷돌에 갈고 체에 걸러야 하는데, 이 모든 과정을 거치고 나면 원래 곡식의 모습은 사라지고 고운 가루로 변합니다. 여기에는 곡식으로서의 생명력이 없습니다. 그러므로 소제의 원리는 다른 제사와 같습니다. 어떤 짐승의 제물도 생명이 있는 상태로는 제물이 될 수 없듯이, 곡식도 생명이 있는 상태로는 제물이 될 수 없습니다. 이것이 신약적인 원리로는 자기를 부인하고 자기 십자가를 지고. 자기 자신은 죽는 것입니다. 죽어야만 제물이 될 수 있습니다. 이렇게 해야만 하나님께 드려질 수 있습니다. 무엇을 의미하는 것일까요? 우리가 하나님께 드려지기 위해서는 자아의 껍질이 벗겨지고 나의 본성, 나의 고집, 이러한 모든 것이 벗겨지고 깨어지고 부서지고 빻아져야지만 하나님께 드려질 수 있는 제물이 될 수 있음을 우리에게 가르칩니다.

우리는 종종 하나님과 교제하기를 원한다고 말합니다. 정말 우리가 진정으로 하나님과 교제하기를 원한다면, 우리 자신이 먼저 가루가 되는 과정이 필요합니다. 우리가 하나님과 진정한 교제를 하려면 하나님의 음성을 들을 수 있어야 하고, 하나님의 뜻을 이해할 수 있어야 합니다. 소통에서 가장 중요한 것은 '경청'입니다. 상대방의 이야기를 상대방의 입장에서 듣고, 이해하는 것입니다. 그래서 그 사람이 무엇을 말하려고 하는지 살피고, 그 사람의 의도를 바르게 이해하는 것까지가 '경청'입니다. 그래서 경청할 때는 그 말에 대한 반박이나 반격하려는 마음을 내려놓아야 합니다. 나의 모든 것을 내려놓고 온전히 상대방에게 집중해야만 참된 교제가 이루어질 수 있습니다.

지금 우리가 소제로 하나님 앞에 나아간다는 것은 하나님께서 무슨 의도를 가지고 계신지, 하나님 입장에서 이해하기 위해 나 자신을 다 부숴야 한다는 것입니다. 그러나 우리는 하나님의 의도를 이해하기보다 내가 가지고 있는 생각을 관철하려는 목적으로 하나님을 찾을 때도 많습니다. 마치 무슨 프로젝트나 기안문서를 보고하듯, 하나님께 내가 이루고 싶은 결과들을 나열하고, 요구하기도 합니다. 만일 우리가 하나님과 교제한다고 하면서 이렇게만 하고 있다면, 하나님은 사업 파트너에 지나지 않습니다. 하지만, 우리는 하나님과 교제하기 위해 부름받은 사람들입니다. 사업을 위해 부름받은 것이 아니라 사귐을 위해 부름받은 것입니다. 그러므로 소제가 담고 있는 의미는 하나님의 의도를 하나님 입장에서 이해하기 위해 내 자아의 껍데기를 벗겨내고 나의 계획도, 내 안에 감춰진 욕망과 탐심 등도 다 부서뜨리는 자기 부인의 모습이 우리에게 필요하다는 것입니다.

우리는 어떤 사람과 교제할 때 행복할까요? 나를 다 이해해 주고, 또 그 사람을 내가 다 이해할 수 있는 관계, 이해의 깊이가 깊어지고 공유하는 영역이 넓어지면 넓어질수록, 그 교제는 행복하고 아름답고 평안한 교제가 됩니다. 그러므로 소제는 바로 하나님과의 교제가 어떠해야 할 것인가를 우리에게 알려줍니다. 우리는 하나님께서 나병에 걸린 나아만 장군을 어떻게 치료하셨는지 잘 알고 있습니다. 하나님께서 엘리사를 통해 요단강에 가서 일곱 번 씻으라고 하셨을 때, 나아만 장군은 자신이 입고 있었던 갑옷과 귀족의 신분을 나타내는 옷들을 다 벗고, 속옷과 그 안에 피고름을 감쌌던 붕대까지도 다 벗어야 했습니다. 무슨 의미입니까? 자신의 위엄을 나타내는 갑옷도, 귀족으로서의 자부심도, 그 내면을 감싸고 있는 자존심도 다 벗어야만 목욕을 할 수 있습니다. 그렇게 다 벗어버리고 하나님 앞에 나아오라는 것입니다. 하나님께서 보시기에는 장군이라는 지위도, 귀족이라는 신분도 다 내려놓고, 있는 모습 그대로 하나님만 붙들고 의지하라는 바로 이것이 소제와 같은 나아만 장군의 모습입니다. 교제를 위해 우리를 부르신 하나님 앞에 나의 자존심, 나의 상처, 나의 아픔과 교만 등 모든 것을 다 부수고 깨뜨리고 나아가야 합니다. 하나님은 소제를 통해 이것을 우리에게 알려주십니다.

소제는 가루만 드리는 것이 아니라 떡으로도 드립니다. 가루로 떡을 만드는 과정을 통해 얻을 수 있는 통찰력이 있습니다. 곡식 알갱이에서 떡이 되기까지의 모든 과정은 우리가 인생에서 경험하는 삶의 고난의 이유입니다. 고난의 중요한 이유는 하나님과의 교제를 나누기 위해서는 우리가 부서지져야 한다는 것입니다. 우리 중에 곡식의 가루처럼 깨어지고 부서지고 가루가 되는 것 같은 그런 시간을 경험하고 계신 분이 있으십니까? 그 시간은 바로 하나님과 깊은 교제를 나누기 위한 준비의 시간임을 우리는 기억해야 합니다.

소제의 둘째 원리는 넣어야 할 것과 넣지 말아야 할 것이 있습니다. 먼저 넣어야 할 것은 기름과 유향과 소금입니다. 이 세 가지는 음식을 만드는 데 필요한 기능적인 역할을 하지만, 이것을 통해 우리에게 주시는 메시지가 있습니다. 왕과 제사장, 그리고 선지자의 위임식을 행할 때 머리에 기름을 붓는데, 이사야 61:1a절을 보면, '주 여호와의 영이 내게 내리셨으니 이는 여호와께서 내게 기름을 부으사 가난한 자에게 아름다운 소식을 전하게 하려 하심이라' 말씀하고 있습니다. 주의 영이 내렸다는 것을 기름 부으심으로 표현한 것입니다. 그러므로 기름을 붓는다는 것은 주의 영이 우리 가운데 임하는 것으로, 바로 '성령의 임재'입니다.

'그리스도의 영이 없으면 그리스도의 사람이 아니라(롬 8:9)' 말씀합니다. 곡식 알갱이가 고운 가루로 부서지는 것은 인생 전체가 부서지는 것으로, 이는 예수를 안 믿는 사람들도 고난을 통해서 인격이 다듬어지고 변화되는 경우들이 있습니다. 그러나 중요한 것은 가루가 되는 것으로 끝나는 것이 아니라 그 위에 기름이 부어지고 유향이 더해지고 소금이 더해져야 한다는 것입니다. 기름이 부어질 때 성령 충만해지고 성령의 충만함 가운데서 우리는 하나님의 영광을 경험할 수 있게 됩니다.

'그 위에 기름을 붓고 또 그 위에 유향을 놓아(레 2:1)'라고 하였는데, 고운 가루에 기름을 붓고 그 위에 유향을 놓는 이유는 향기로운 제물이 되도록 하기 위한 것입니다. 여기에 담긴 메시지는 '향이 가득한 금 대접을 가졌으니 이 향은 성도의 기도들이라 (계 5:8)'라고 말씀하신 것처럼, 향은 바로 성도의 기도를 뜻합니다. 요한계시록 8:4절에서도 '향연이 성도의 기도와 함께 천사의 손으로부터 하나님 앞으로 올라가는지라' 말씀하고 있고, 시편 141:2절에서도 '나의 기도가 주의 앞에 분향함과 같이 되며'라고 표현하고 있습니다. 그러므로 유향이 갖는 메시지는 '성도의 기도'입니다. 하나님을 향한 성도의 참된 기도는 아름다운 향과 같습니다. 우리의 기도가 주님 앞에 이렇게 아름다운 향기가 될 수 있기를 축복합니다.

이처럼 주님과 아름다운 향기와 같은 깊은 교제 가운데 나아가는 사람들의 영향력은 마치 모세가 하나님과 깊은 만남 이후에 그 얼굴에 광채가 남은 것처럼, 하나님과의 사랑의 교제 가운데 아름다운 향기가 남아 다른 사람들과의 교제에서도 나타날 수 있음을 보게 됩니다. 진심을 담은 말 한마디, 인사 한마디가 얼마든지 아름다운 향기가 나는 말이 될 수 있습니다. 향기를 담은 병뚜껑을 꽉 닫아 놓으면 우리가 그 향을 맡을 수 없는 것처럼, 우리의 마음도 닫혀 있으면, 우리 안에 있는 아름다운 향기를 다른 사람들이 느낄 수 없을 것입니다. 이처럼 주님과의 이 놀라운 교제로 말미암아 우리 공동체 안에서도 향기나는 아름다운 교제들이 풍성해지기를 소망합니다. 그리고 소금은 영원불변한 하나님의 언약을 의미합니다.

다음으로, 소제의 제물에 넣지 말아야 할 것은 누룩과 꿀입니다. 여기서 꿀은 과즙(syrup)인데, 누룩과 시럽이 상징하는 것은 누룩이 부풀어 오르는 것처럼 죄의 전염성과 부패를 의미하는 것으로 하나님과의 교제에서 이런 것들이 영향을 미치지 않도록 해야 한다는 것입니다. 누룩에 대하여 사도바울은 고린도전서 5:6-8절에서 '적은 누룩이 온 덩어리에 퍼지는 것을 알지 못하느냐, 묵은 누룩을 내버리라 우리의 유월절 양, 곧 그리스도께서 희생되셨느니라 묵은 누룩으로도 말고 악의에 찬 누룩으로도 말고 누룩 없이 오직 순전함과 진실함의 떡으로 하자'고 말합니다. 신약성경에서는 누룩을 공동체를 썩게 만들고 사람들의 관계를 부패하게 만드는 것(자기자랑, 교만, 외식 등)에 비유하고 있습니다. 이는 사람들과의 관계에서뿐만 아니라 하나님과의 관계에서도 마찬가지입니다. 모든 것을 아시는 주님 앞에서 굳이 이러한 것을 드러내는 것은 어리석은 행동이 될 것입니다.

소제를 드리는 과정을 보면, 제사장은 고운 가루 전체 중에서 한 움큼의 고운 가루와 기름과 유향을 가져다가 불사르고(레 2:2) 남은 것은 제사장의 몫으로 돌립니다. 그리고 이것은 하나님 앞에 드려졌던 것이므로 거룩한 것이 되는데, 이 거룩한 것의 특징은 '속죄제와 속건제같이 지극히 거룩한즉 아론 자손의 남자는 모두 이를 먹을지니 이는 여호와의 화제물 중에서 대대로 그들의 영원한 소득이 됨이라 이를 만지는 자마다 거룩하리라(레 6:17-18)' 말씀합니다. 레위 지파 자손들이 제사장에 임직할 때 한 번의 임직으로 평생 거룩해지는 것이 아니라, 때마다 거룩한 떡을 먹음으로 지속적으로 거룩한 상태를 유지해야 합니다. 거룩은 스스로 만들어낼 수 없습니다. 하나님의 거룩이 내게 비춰질 때, 내 안에 스며듦으로 인해 나타납니다.

신약시대에서 이 거룩한 떡은 바로 예수 그리스도이십니다. 예수님께서는 '나는 하늘에서 내려온 살아 있는 떡이니 사람이 이 떡을 먹으면 영생하리라 내가 줄 떡은 곧 세상의 생명을 위한 내 살이니라(요 6:51)' 말씀하셨습니다. 무슨 뜻입니까? 예수님께서는 '이 성경이 곧 내게 대하여 증언하는 것(요 5:39)'이라고 확증해 주셨습니다. 그러므로 우리가 성경 말씀을 통해 예수를 알고 예수를 느끼고 예수를 먹는 것입니다. 여기서 '먹는다'라는 표현은 예레미야의 표현(렘 15:16)입니다. 이는 우리가 날마다 성경말씀을 읽고 묵상하고 그 말씀을 가까이함으로 예수 그리스도를 만나고 그 예수를 가까이함으로 우리가 거룩에 참여하게 되는 것을 뜻합니다. 그리고 그 거룩으로 말미암아 하나님과의 사귐이 이어지게 됩니다. ◉

Writing Jesus · Reading Jesus · **Sharing Jesus** · Praying Jesus

❶ 나는 하나님과의 교제를 위해 내 '자아의 껍질'을 벗고 진실하게 나아가고 있는가?

소제는 고운 가루로 드려야 하며, 이는 자아의 부서짐, 자기를 부인함을 상징합니다.

 나는 하나님 앞에서 내 고집과 자존심, 교만과 상처를 내려놓고 있는가? 아니면 여전히 껍질 속에 나를 감추고 있는가?

❷ 내 삶에 하나님의 성령(기름), 기도(유향), 말씀(소금)의 향기가 담겨 있는가?

소제에 들어가는 기름, 유향, 소금은 각각 성령의 임재, 성도의 기도, 언약의 말씀을 상징합니다.

 묵상 포인트: 나는 성령의 다스림을 받고 있는가? 내 기도는 하나님께 향기로운 제물인가? 말씀을 붙들며 살고 있는가?

❸ 나는 하나님과의 교제를 목적으로 신앙생활을 하고 있는가, 아니면 어떤 '결과'를 얻기 위한 수단으로 삼고 있는가?

신앙의 목적은 하나님과의 사귐과 친밀한 교제에 있음을 소제를 통해 가르쳐 주십니다.

나는 하나님을 어떤 분으로 대하고 있는가? 거래의 대상인가, 아니면 교제의 대상인가? 내 예배와 기도는 하나님을 향한 사랑과 사귐의 표현인가?

우리가 말씀을 읽을 때, 그냥 오늘 분량 읽은 것으로 끝나면 진정한 교제가 이루어지지 않습니다. 우리의 마음을 활짝 열고 우리 자신이 소제의 제물인 고운 가루가 되어 하나님께 집중할 때, 그 말씀이 우리를 붙들고 우리를 살리고 우리를 새롭게 합니다.

거룩하시고 인자하신 하나님 아버지!
주님의 참된 교제를 위해 회개의 자아를 깨뜨리고
부서져 고운 가루가 되게 하옵소서.
우리의 기도가 유향처럼 향기롭게 주님께 올려지게 하시고,
우리의 마음이 주님께 향기나는 삶이 되어,
공동체 안에서도 사랑과 은혜의 향기로 전하게 하옵소서.
날마다 예수 그리스도의 말씀을 먹고,
그분 안에서 거룩함을 유지하며 주님과 깊은 사귐을
누리게 하옵소서.
그러하여 우리의 모든 예배와 교제가 주님께서 기뻐 받으시는
참된 제사가 되게 하옵소서.
예수님의 이름으로 기도드립니다. 아멘!

Writing Jesus · Reading Jesus · Sharing Jesus · **Praying Jesus**

06 Writing Jesus · Reading Jesus · Sharing Jesus · Praying Jesus

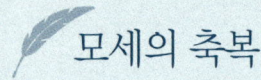
모세의 축복

신명기 33:26-29

26 여수룬이여 하나님 같은 이가 없도다 그가 너를 도우시려고 하늘을 타고 궁창에서 위엄을 나타내시는도다 27 영원하신 하나님이 네 처소가 되시니 그의 영원하신 팔이 네 아래에 있도다 그가 네 앞에서 대적을 쫓으시며 멸하라 하시도다 28 이스라엘이 안전히 거하며 야곱의 샘은 곡식과 새 포도주의 땅에 홀로 있나니 곧 그의 하늘이 이슬을 내리는 곳에로다 29 이스라엘이여 너는 행복한 사람이로다 여호와의 구원을 너같이 얻은 백성이 누구냐 그는 너를 돕는 방패시요 네 영광의 칼이시로다 네 대적이 네게 복종하리니 네가 그들의 높은 곳을 밟으리로다

26 'There is no one like the God of Jeshurun, who rides on the heavens to help you and on the clouds in his majesty. 27 The eternal God is your refuge, and underneath are the everlasting arms. He will drive out your enemy before you, saying, 'Destroy him!' 28 So Israel will live in safety alone; Jacob's spring is secure in a land of grain and new wine, where the heavens drop dew. 29 Blessed are you, O Israel! Who is like you, a people saved by the LORD? He is your shield and helper and your glorious sword. Your enemies will cower before you, and you will trample down their high places.'

Writing Jesus · Reading Jesus · Sharing Jesus · Praying Jesus

Writing Jesus · **Reading Jesus** · Sharing Jesus · Praying Jesus

모세의 축복

지난 주간 신명기까지 읽으면서 모세오경을 통독하였습니다. 우리가 가지고 있는 성경책은 한 권으로 되어 있지만, 그 안에는 구약과 신약이 있고, 구약과 신약도 각각 내용상 몇 개의 영역으로 나누어져 있는데, 구약은 모세경, 역사서, 시가서, 선지서로 나뉩니다. 우리가 읽은 모세오경은 마치 집을 지을 때의 기초공사와 같은 역할을 하는 것으로, 이는 성경의 세계관을 만들어가는 데 가장 기본적인 것이 됩니다. 우리가 신약 성경을 읽을 때, 예수님께서 하시는 일들이나 예수님의 말씀을 이해하기 위해서도 반드시 모세오경의 토대가 필요합니다.

예를 들면, 예수님께서 나병 환자를 고치신 후, '제사장에게 네 몸을 보이고 모세가 명한 예물을 드려 그들에게 입증하라 (마 8:4b)'고 하신 말씀이 있습니다. 예수님께서는 왜 정해진 예물을 드리라고 하였을까요? 나병의 규례는 새 두 마리를 제물로 드리는데, 한 마리를 죽여 그 피를 받아 살아 있는 다른 한 마리의 몸에 바른 다음, 살아 있는 새를 놓아주게 되어 있습니다(레 14:49-53). 예수님께서 굳이 모세가 명한 예물로 제사드려야 함을 강조하신 이유는 무엇일까요? 바로 한 마리의 새가 자유를 얻으려면 다른 한 마리가 죽어야 한다는 것입니다. 예수님께서는 그 제사 가운데 들어있는 십자가의 은혜가 무엇인지 알려주십니다. 것으로 제사 제도 하나하나마다 예수 그리스도의 십자가의 사역, 인간의 죄를 용서해 주시기 위한 예수님의 고난, 그리고 죄인을 자유케 하시기 위해 흘리시는 예수님의 보혈, 이런 내용이 담겨 있음을 우리에게 알려주십니다.

신명기는 총 34장으로 되어 있는데, 마지막 34장은 모세의 죽음에 관한 내용이고, 33장까지가 모세의 설교입니다. 모세오경의 종결은 축복으로 마무리됩니다. 모세는 이스라엘 각 지파를 향하여 그들의 미래를 내다보며 하나님의 하실 일에 대한 기대와 각 지파의 사명을 선포합니다. 그리고 이스라엘 전체를 향해 쏟아붓는 모세의 축복이 담겨 있습니다. 이스라엘 백성들은 아직 광야에 있고 내일 어떻게 될지도 모르는 상황에서 모세가 마지막 숨을 모아 '이스라엘이여 너는 행복한 사람이로다(신 33:29)'라고 하는 말을 들었을 때, 이스라엘 백성들은 어떤 반응을 보였을까요? 긍정적인 반응을 보인 사람들도 있겠지만, 이게 행복이야? 라고 반문하는 사람들도 있었을 것입니다. 하지만, 모세의 마지막 이야기는 처음으로 하는 이야기가 아니라 여러 번 해 왔던 이야기이고 또 당연한 이야기라고 생각할 수도 있습니다.

우리는 같은 이야기를 여러 번 반복해서 들으면 잔소리라고 생각합니다. 그런데 같은 이야기라도 누가 하느냐에 따라서 잔소리가 아니라 꼭 필요한 이야기로 들리기도 합니다. 잔소리는 아무에게나 하지는 않습니다. 부모가 자녀들에게, 아내가 남편에게, 또는 남편이 아내에게 반복적으로 하는 이야기를 우리는 잔소리라고 말합니다. 그렇다면 우리는 왜 상대방이 듣기 싫어하는데도 잔소리를 하는 것일까요? 우리는 잔소리의 심리를 알 필요가 있습니다. 잔소리에는 사랑이 담겨 있습니다. 그리고 진심이 담겨 있습니다.

신명기(申命記)는 '거듭해서 다시 이야기한다'라는 뜻입니다.
지금 모세가 하는 이야기는 죽기 직전에 새롭게 하는 이야기가 아니라 여태껏 여러 번 반복해서 이야기했던 내용들을 다시 또 이야기하고 있습니다. 여러 번 반복해서 나오는 이야기들을 또 읽으면, 성경 통독을 하는 우리도 집중력이 흩어지면서 그냥 지나쳐 버릴 수도 있습니다. 하지만, 하나님께서 모세를 통해 하시는 이 말씀이 우리에게 잔소리처럼 들린다면, 우리는 복받은 사람들입니다. 그만큼 하나님께서 우리를 사랑하시기 때문입니다. 잔소리도 사랑이 있어야 합니다. 하나님께서 모세를 통해 거듭 이야기하시는 이유는 하나님이 이스라엘 백성들을 사랑하시고, 또 우리를 사랑하신다는 증거입니다.

본문 신명기 33:26-29절까지의 결론은 두 가지입니다. 이는 신명기의 결론인 동시에 모세오경의 결론입니다. 첫째 결론은 26절, '여수룬이여 하나님 같은 이가 없도다'입니다. '여수룬'은 '의로운 길을 가는 자'라는 뜻으로 이스라엘 백성을 '하나님 앞에서 의로워진 백성'으로 표현한 것입니다. 둘째 결론은 29절, '이스라엘이여 너는 행복한 사람이로다'입니다. 그리고 그 이유를 26-29절에서 '하나님께서는 우리를 도우시려 미리 오시고, 도움의 손길을 베푸시는 유일한 하나님이시고 하나님과 같은 분은 어디에도 없다'는 것입니다. 그러니 '이스라엘아, 너는 행복한 사람이다. 그가 너의 방패 되시고, 너의 영광의 칼이 되셔서 너를 보호하시니 너는 얼마나 행복한 사람인가!'라고 이야기하고 있습니다. 이는 시적인 표현일 뿐만 아니라 모세의 삶 전체의 회고이자 그의 간증입니다.

모세는 평생 두 번의 건짐을 받습니다. 첫 번째는 물에서의 건짐이었고, 두 번째는 광야에서의 건짐입니다. 첫 번째 건짐은, 애굽 왕의 명령에 따라 갓 태어난 히브리 사람의 아들은 다 죽어야 하는 상황에서 모세의 부모는 역청과 나무 진을 칠한 갈대 상자에 그를 담아 나일강에 띄웠고 언제 뒤집힐지, 언제 악어에게 먹힐지 모르는 상황에서 하나님께서는 바로의 딸을 통해 건져주십니다. 이 건짐은 생존을 위한 건짐이었습니다. 두 번째 광야에서의 건짐은, 모세 나이 40세에 히브리 사람을 도와주려다 젊은 혈기에 애굽 사람을 죽였고, 이 사실이 들통나자 쫓기듯 도망친 곳이 광야입니다. 그리고 40년 동안 유배 생활하듯 살아갑니다. 모세가 쓴 시편에 보면 '우리의 연수가 칠십이요 강건하면 팔십이라도(시 90:10)'라는 표현이 나오는데, 모세도 나이 80세면 인생의 마지막이라는 것을 이미 알고 있었습니다. 모세는 40년 동안 광야에서, 바로의 궁에서 지냈던 시절에 대한 회상과 이후 양치기 생활을 하면서 겨우 살아가는 자신의 삶에 대한 원망, 분노, 절망, 허무, 공허 등으로 채워진 자신의 인생을 생각하며 죽을 날을 기다립니다. 그런 모세 앞에 하나님께서 나타나셔서 그를 건져주십니다. 이것은 사명을 위한 건짐이었습니다.

이렇게 사명자로 부름 받은 모세이지만 그렇다고, 사명감에 불타는 엄청난 사명자가 된 것은 아닙니다. 하나님의 부르심을 받았을 때, 모세는 세상 권력의 강함을 경험했던 사람으로서 이스라엘의 무력함과 자신의 초라함을 잘 알고 있었고, 그런 그는 두려워하고 주저하고 머뭇거리며 피하려고 합니다. 모세가 이스라엘 백성들을 애굽에서 건져내었을 때 사명감으로 점철된 강인한 사람으로 생각하기 쉽지만, 그는 두려움과 염려와 떨리는 마음으로 겨우겨우 그 일을 감당했습니다.

그렇다면 모세는 언제쯤 강인한 사람이 되었을까요? 모세는 출애굽의 모든 과정을 통해 점차 단단해져갑니다. 단단하기 때문에 사명을 이룬 것이 아니라 사명을 감당해내는 과정을 통해 단단해진 것입니다. 애굽에 내리는 열 가지 재앙을 보면서, 홍해가 갈라지고, 만나와 메추라기가 내려오는 것을 보면서, 반석에서 물이 솟구쳐 오르는 것을 보면서 모세의 영이 자라난 것입니다.

모세를 단단하게 만든 것은 환경뿐만이 아니었습니다. 그는 모래알보다 더 서걱거리는 이스라엘 백성들과 부대끼며 살아야 했습니다. 단단한 바위보다 더 단단한 이스라엘의 오만과 어리석음과 교만과 자만으로 똘똘 뭉친 그들의 분노를 감당하며 견뎌야 했습니다. 그런데 놀라운 것은 그러한 과정을 거치면서 모세는 점점 변합니다. 자신의 성질을 이기지 못해 사람을 죽였던 모세가, 이제는 사람을 살리기 위해 자신의 목숨을 거는 사람이 되었습니다. 범죄한 이스라엘을 살리기 위해 모세는 하나님을 향해 '이제 그들의 죄를 사하시옵소서 그렇지 아니하시오면 원하건대 주께서 기록하신 책에서 내 이름을 지워 버려 주옵소서(출 32:32)'라고 설득합니다.

모세는 어떻게 이렇게 변화되었을까요? 우리는 모세의 생애를 잘 압니다. 모세는 적극적으로 하나님의 일에 앞장섰던 사람이 아니었습니다. 그는 하나님을 향해 늘 못 한다고, 못하겠다고 등을 돌렸던 사람입니다. 그런데 그런 모세를 하나님께서 이끄십니다. 그렇게 하나님의 이끄심에 끌려가면서 모세는 깨닫게 되고 알게 된 것입니다.

'살아계시는 하나님! 사랑의 하나님! 전능하신 하나님! 작정하신 일을 반드시 이루시는 하나님! 약속하신 것은 반드시 지키시는 은혜의 하나님!'

그러니 모세는 '여수룬이여, 하나님 같은 이가 없도다!' 고백합니다. 그리고 그런 하나님께서 그들을 돌보시니 '이스라엘이여 너는 행복한 사람이로다!' 말하는 것입니다. 이 이야기를 들었을 때 이스라엘의 반응은 어떠했을까요? 어떤 사람은 잔소리로 들었을 수도 있고, 또 어떤 사람은 진리와 능력의 말씀으로 들었을 수도 있을 것입니다. 이 상반된 반응은 나중에 어떤 결과를 가져왔을까요? 잔소리로만 생각하고 진심으로 받아들이지 못한 사람들은 요단강 앞에서도 불평했을 것이고, 여리고 성 앞에서도 한숨 쉬었을 것이고, 아이 성 앞에서 또 좌절했을 것입니다. 하지만 '너는 행복한 사람이로다!'라는 말 속에 담긴 의미를 깨달았던 사람들은 '하나님과 같은 분이 없으시고 그 하나님께서 나를 붙드시니 나는 얼마나 행복한 사람인가! 이 산지를 내게 주소서!'라고 반응합니다.

모세는 왜 자신의 생애를 마무리하는 시점에서 이 이야기를 하는 것일까요? 이스라엘 백성들은 요단강을 건너 여리고 성을 통과하고, 아이 성을 지나면서 가나안 땅을 점령해야 하는 모든 상황 앞에 두려워할 수밖에 없었을 것입니다. 이것이 인간의 본성입니다. 아마도 이제까지 하나님께서 베푸셨던 은혜는 하나도 기억나지 않고 분노와 원망만 했을 수도 있습니다. 하지만, 지금 모세는 이 잔소리와 같은 이야기를 기억하면, 그 모든 일을 돌파할 수 있다고 말하고 있습니다. '하나님 같은 분은 없어! 그 하나님이 나를 도우시니

나는 얼마나 행복한 사람인가!' 이것을 기억하라는 것입니다. 그리고 사명을 잃지 말라고 말합니다. 상황이나 사람에게 함몰되지 말고 하나님과 함께하는 행복한 사람이라는 사실을 기억하면서 내가 이런 상황에서 어떻게 순종하며, 어떻게 사랑하며, 어떻게 베풀며, 어떻게 다른 사람의 영혼을 살리며, 어떻게 용서하며 살아갈 것인가를 생각하라는 것입니다.

이렇게 사신 분이 바로 예수님이십니다. 이런 삶이 바로 예수님의 삶입니다. 예수 그리스도의 제자로 부름받은 우리가 이런 길을 걸어갈 수 있는 비결이 바로 오늘 모세가 하는 말입니다.

'하나님 같은 분은 없어! 그 하나님이 나를 도우시니 나는 얼마나 행복한 사람인가!'

사랑하는 여러분! 우리 하나님 같으신 분은 없으십니다. 그 하나님이 지금도 우리를 보호하시고 인도하십니다. 그러므로 우리는 행복한 사람입니다.

현대 사회를 살아가는 우리는 세상으로부터 오는 많은 공격에 노출되어 있고 심지어 우울증과 공황장애와 같은 병이 언제든 우리를 공격할 수 있습니다. 그렇다면 우리는 어떻게 그런 위기를 돌파할 수 있을까요?

모세는 찬란한 결론을 우리의 귀에 들려줍니다. '너를 도우시는 하나님! 그 하나님이 너를 붙드시니 너는 행복한 사람이다!' 우리가 이 사실을 기억할 수 있다면 우리의 바람은 더욱 분명해질 것입니다. '어떻게 하면 순종하며 살아갈 수 있을까, 어떻게 하면 사랑하며 살아갈 수 있을까, 어떻게 하면 나보다 남이 더 잘 될 수 있게 도와줄 것인가, 어떻게 하면 베풀고 살아갈 수 있을까, 어떻게 하면 용서하며 살아갈 수 있을까?'

우리가 이런 예수님의 마음으로 살아간다면 아무리 광야 같은 인생길이라도 주님과 함께 능히 돌파하게 될 것입니다. ◉

Writing Jesus · Reading Jesus · **Sharing Jesus** · Praying Jesus

❶ 나는 '하나님 같은 분은 없다'는 믿음 위에 내 인생을 세우고 있는가?

모세는 인생의 마지막에서 이 고백을 반복합니다. "여수룬이여, 하나님 같은 이가 없도다!"

 나는 지금의 불안한 현실보다 하나님이 누구신지를 더 깊이 의지하고 있는가? 하나님을 전적으로 신뢰하는 신앙고백이 내 삶의 중심에 있는가?

❷ 하나님께서 나를 도우시기에 나는 진정 '행복한 사람'이라는 고백이 내 안에 살아 있는가?

모세는 눈앞에 가나안 땅도 아니고, 안정된 현실도 아닌 '하나님이 함께하신다는 사실'을 근거로 이스라엘 백성들에게 "너는 행복한 사람이로다"라고 선언합니다.

 나는 행복을 어떤 조건에서 찾고 있는가? 하나님이 나와 함께하신다는 사실 하나만으로도 만족하며 감사하고 있는가?

Writing Jesus · Reading Jesus · **Sharing Jesus** · Praying Jesus

❸ 하나님의 도우심을 기억하며, 나는 지금 어떤 사명을 따라 살아가고 있는가?

모세는 두 번의 '건짐'을 경험합니다. 생존을 위한 건짐과 사명을 위한 건짐입니다. 사명자의 삶은 고난을 통해 단단해집니다.

 나는 하나님께서 나를 구원하신 목적, 부르신 사명을 인식하며 살아가고 있는가? 나를 통해 누군가를 살리고, 용서하고, 복음을 전하는 삶을 결단하고 있는가?

    우리에게는 분명히 하나님의 부르심을 받았을 때, 아골 골짝 빈들에도 사랑 안고 가겠다고 다짐하고 이름도 없이 빛도 없이 주님만 섬기겠다고 다짐했던 순간들이 있었을 것입니다. 혹여라도 그 사실을 잊고 있었다면, 아니면 잊지는 않았더라도 그 다짐이 빛을 잃어가고 있다면, 말씀을 통해 다시 새롭게 기억하시고 되새기시길 바랍니다. 하나님을 기억하시기 바랍니다. 그리고 그 하나님을 찾으시기 바랍니다.

전능하시고 신실하신 하나님 아버지!
주님 같은 분은 세상 어디에도 없습니다.
지금도 우리를 도우시고 붙드시는 이 진리를
광야 같은 인생길 속에서도 잊지 않게 하옵소서.
두려움과 원망이 몰려올 때,
주님이 나의 방패이시고 영광의 칼이심을 믿고
사명을 붙든 채 순종하며, 사랑하며, 용서하며 살게 하옵소서.
주님과 함께하는 것이 참된 행복임을 기억하게 하시고,
우리의 삶이 다른 이들에게 복을 전하는 통로가 되게 하옵소서.
예수 그리스도의 이름으로 기도드립니다. 아멘!

Writing Jesus · Reading Jesus · Sharing Jesus · **Praying Jesus**

07

Writing Jesus · Reading Jesus · Sharing Jesus · Praying Jesus

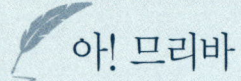 아! 므리바

민수기 20:2-13

2 회중이 물이 없으므로 모세와 아론에게로 모여드니라 3 백성이 모세와 다투어 말하여 이르되 우리 형제들이 여호와 앞에서 죽을 때에 우리도 죽었더라면 좋을 뻔하였도다 4 너희가 어찌하여 여호와의 회중을 이 광야로 인도하여 우리와 우리 짐승이 다 여기서 죽게 하느냐 5 너희가 어찌하여 우리를 애굽에서 나오게 하여 이 나쁜 곳으로 인도하였느냐 이곳에는 파종할 곳이 없고 무화과도 없고 포도도 없고 석류도 없고 마실 물도 없도다 6 모세와 아론이 회중 앞을 떠나 회막 문에 이르러 엎드리매 여호와의 영광이 그들에게 나타나며 7 여호와께서 모세에게 말씀하여 이르시되 8 지팡이를 가지고 네 형 아론과 함께 회중을 모으고 그들의 목전에서 너희는 반석에게 명령하여 물을 내라 하라 네가 그 반석이 물을 내게 하여 회중과 그들의 짐승에게 마시게 할지니라 9 모세가 그 명령대로 여호와 앞에서 지팡이를 잡으니라 10 모세와 아론이 회중을 그 반석 앞에 모으고 모세가 그들에게 이르되 반역한 너희여 들으라 우리가 너희를 위하여 이 반석에서 물을 내랴 하고 11 모세가 그의 손을 들어 그의 지팡이로 반석을 두 번 치니 물이 많이 솟아나오므로 회중과 그들의 짐승이 마시니라 12 여호와께서 모세와 아론에게 이르시되 너희가 나를 믿지 아니하고 이스라엘 자손의 목전에서 내 거룩함을 나타내지 아니한 고로 너희는 이 회중을 내가 그들에게 준 땅으로 인도하여 들이지 못하리라 하시니라 13 이스라엘 자손이 여호와와 다투었으므로 이를 므리바 물이라 하니라 여호와께서 그들 중에서 그 거룩함을 나타내셨더라

Writing Jesus · Reading Jesus · Sharing Jesus · Praying Jesus

07

Writing Jesus · Reading Jesus · Sharing Jesus · Praying Jesus

2 Now there was no water for the community, and the people gathered in opposition to Moses and Aaron. 3 They quarreled with Moses and said, 'If only we had died when our brothers fell dead before the LORD! 4 Why did you bring the LORD's community into this desert, that we and our livestock should die here? 5 Why did you bring us up out of Egypt to this terrible place? It has no grain or figs, grapevines or pomegranates. And there is no water to drink!' 6 Moses and Aaron went from the assembly to the entrance to the Tent of Meeting and fell facedown, and the glory of the LORD appeared to them. 7 The LORD said to Moses, 8 'Take the staff, and you and your brother Aaron gather the assembly together. Speak to that rock before their eyes and it will pour out its water. You will bring water out of the rock for the community so they and their livestock can drink.' 9 So Moses took the staff from the LORD's presence, just as he commanded him. 10 He and Aaron gathered the assembly together in front of the rock and Moses said to them, 'Listen, you rebels, must we bring you water out of this rock?' 11 Then Moses raised his arm and struck the rock twice with his staff. Water gushed out, and the community and their livestock drank. 12 But the LORD said to Moses and Aaron, 'Because you did not trust in me enough to honor me as holy in the sight of the Israelites, you will not bring this community into the land I give them.' 13 These were the waters of Meribah, where the Israelites quarreled with the LORD and where he showed himself holy among them.

Writing Jesus · Reading Jesus · Sharing Jesus · Praying Jesus

Writing Jesus · **Reading Jesus** · Sharing Jesus · Praying Jesus

아! 므리바

한 사람의 일생이 어떤 모습으로 드러나고 있는지, 그리고 그의 인생이 앞으로 어떻게 될지 짐작할 수 있는 것은 그 사람이 평소 무엇을 가까이하는지, 누구와 가까이하는지 등에 따라 결정되기 때문입니다. 그러므로 세상에서 가장 복된 사람은 바로 하나님을 가까이하는 사람입니다. 성경은 이렇게 말합니다.

'주께서 택하시고 가까이 오게 하사 주의 뜰에 살게 하신 사람은 복이 있나이다(시 65:4a)', '하나님께 가까이함이 내게 복이라(시 73:28a)'

하나님을 가까이 하는 사람을 하나님은 당신의 오른손으로 그를 붙들어 주십니다.(시 63:8b).

하나님을 가까이하는 사람은 하나님을 향하여 이렇게 기도합니다.

'여호와여 주의 인자하심이 선하시오니 내게 응답하시며 주의 많은 긍휼에 따라 내게로 돌이키소서 주의 얼굴을 주의 종에게서 숨기지 마소서 내가 환난 중에 있사오니 속히 내게 응답하소서 내 영혼에게 가까이하사 구원하시며 내 원수로 말미암아 나를 속량하소서(시 69:16-18)'

왜 이렇게 기도할까요? 자기를 가까이 대해 주시는 하나님으로 말미암아 그에게 구원이 임할 것을 확신하기 때문이고, 하나님을 가까이하는 자가 하나님의 능력을 보게 될 것을 알기 때문입니다.

그렇다면 인류 역사 가운데서 하나님을 가장 가까이에서, 그리고 가장 오랫동안 모시고 보아왔던 사람은 누구일까요? 신구약을 통틀어 볼 때 바로 모세입니다. 신명기 34:10-12절에 보면, '그 후에는 이스라엘에 모세와 같은 선지자가 일어나지 못하였나니 모세는 여호와께서 대면하여 아시던 자요 여호와께서 그를 애굽 땅에 보내사 바로와 그의 모든 신하와 그의 온 땅에 모든 이적과 기사와 모든 큰 권능과 위엄을 행하게 하시매 온 이스라엘의 목전에서 그것을 행한 자이더라'라고 평가하고 있습니다.

이처럼 모세는 하나님을 경험하고 하나님과 대면하며 하나님의 임재를 늘 체험하였지만, 그의 인생은 보통 사람 이상으로 숱한 어려움이 있었습니다. 이스라엘 백성들은 끊임없이 모세에게 도전하고 모세의 권위를 의심하고 모세에게 반역하고 모세를 공격합니다. 많은 이적과 기사와 놀라운 하나님의 일들을 나타내고 보여주었음에도 40년 동안 지속된 광야 생활로 인해 사람들은 그를 끊임없이 공격하고 비난하였습니다. 오늘 본문의 '므리바 물' 사건 바로 앞에도 레위 자손의 고라와 르우벤 자손의 다단과 아비람과 온이 당을 짓고 이스라엘 회중 중 이름있는 지휘관 250명과 함께 일어나 모세를 거스르는 사건(민 16:1-2)이 있었습니다. 그들이 모세를 거스른 이유는 '회중이 다 각각 거룩하고 여호와께서도 그들 중에 계시거늘 너희가 어찌하여 여호와의 총회 위에 스스로 높이느냐(민 16:3)'라며 모세와 아론의 권위에 맞서 자신들을 높이기 위해서였습니다.

그때 여호와 하나님께서는 내가 가까이하는 사람이 곧 내가 택한 사람이라고 말씀하십니다(민 16:5). 하나님께 가까이 나아갈 수 있다는 것, 하나님을 가까이에서 모실 수 있다는 것은 하나님께서 그 사람을 인정하신다는 뜻이고 그 사람 편에 서 주신다는 의미입니다. 이 사건을 통해 하나님께서는 모세를 가까이 오게 하시고, 고라와 다단과 아비람을 비롯해 그들과 함께했던 무리는 땅속에 매몰되어 회중 가운데서 망하고 여호와의 불이 나와서 분향하던 250명을 불살랐습니다(민 16:31-35). 하나님의 두려운 심판이 이루어진 것입니다.

이렇게 하나님 앞에 가까이 나아갔던 모세이지만, 그런 모세에게 하나님께서는 가나안 땅에 들어갈 수 없다고 말씀하십니다. 본문에 등장하는 사건 때문입니다. 사건의 발단은 이스라엘 백성에게 마실 물이 없다는 것입니다. 그런데 이스라엘 백성들이 광야를 지나는 동안, 물이 없는 상황은 여러 번 있었고 그때마다 하나님께서는 기적적으로 물을 공급해 주셨습니다. 이번에도 같은 상황이 벌어졌습니다. 이스라엘 백성들은 또 모세와 아론을 향하여 불평과 원망을 쏟아내기 시작합니다. '백성이 모세와 다투어 말하여 이르되 우리 형제들이 여호와 앞에서 죽을 때에 우리도 죽었더라면 좋을 뻔하였도다(민 20:3)' 여기서 말하는 '우리 형제들이 여호와 앞에서 죽을 때'는 바로 고라와 다단과 아비람과 함께 반역했던 사람들이 여호와의 심판을 받았던 때를 말합니다. 이들은 그 사람들이 어떻게 죽게 되었는지 자기들의 눈으로 똑똑히 봤던 사람들입니다. 그런데도 모세를 향해 이렇게 대들고 있는 것입니다.

이 말은, 모세에게는 아주 불쾌하고 기분 나쁜 도전일 수밖에 없습니다. 왜냐하면 그들의 말은 늙은 고라와 다단과 아비람이 모세 때문에 억울하게 죽었다는 것입니다. 그래서 모세를 향해 원망합니다. 본문에 보면 '어찌하여 여호와의 회중을 광야로 인도하여~(민 20:4)', '어찌하여 우리를 애굽에서 나오게 하여~(민 20:5)' 두 번이나 반복하여 말하고 있습니다. 결론적으로 모세와 아론이 이스라엘 백성들을 나쁜 곳으로 인도하여 파종할 곳도, 무화과도 포도도 석류도 마실 물도 없다고 원망을 쏟아냅니다.

모세와 아론은 회중을 떠나 하나님 앞에 엎드렸고 하나님께서는 모세에게 네 가지를 말씀하십니다. 첫째 지팡이를 가지고, 둘째 회중을 모으고, 셋째 반석에게 명령하여 물을 내라 하라, 넷째 회중과 그들의 짐승에게 마시게 하라(민 20:8)는 것입니다. 그리고 모세는 그 명령대로 여호와 앞에서 지팡이를 잡고(민 20:9) 회중을 그 반석 앞에 모읍니다(민 20:10), 첫째와 둘째는 여호와의 명령대로 행합니다. 그런데 셋째는 반역한 너희여 들으라 우리가 너희를 위하여 이 반석에서 물을 내랴 하고, 모세가 그의 손을 들어 그의 지팡이로 반석을 두 번 칩니다(민 20:10-11). 그리고 넷째는 물이 많이 솟아 나오므로 회중과 그들의 짐승이 마십니다(민 20:11).

그런데 여기서 여호와 하나님께서 모세와 아론에게 뜻밖의 말씀을 하십니다.

'너희가 나를 믿지 아니하고 이스라엘 자손의 목전에서 내 거룩함을 나타내지 아니한 고로 너희는 이 회중을 내가 그들에게 준 땅으로 인도하여 들이지 못하리라(민 20:12)'

도대체 모세의 행동에 무슨 문제가 있었던 것일까요? 목마른 백성들이 해갈했으니 다 된 것 아냐? 라고 생각할 수 있겠지만, 본문 말씀을 묵상해보면, 물이 전부가 아니라는 것입니다. 하나님의 거룩하심이 드러나는 것이 더 중요하다는 것입니다.

모세의 행동에는 어떤 문제가 있었던 것일까요? 모세의 행동은 여호와 하나님의 명령과 세 가지 면에서 다릅니다. 첫째, 하나님께서는 반석에게 명령하라고 했는데, 모세는 이스라엘 백성들을 향하여 말합니다. 둘째, '우리가 너희를 위하여 이 반석에서 물을 내랴'라는 말은 물 마실 자격도 없는 너희를 위해 내가 이렇게 물을 내줘야 하느냐는 뉘앙스로 하나님께서 시키지도 않은 말을 합니다. 셋째, 반석을 두 번 칩니다. 이는 하나님께서 명령하신 일이 아닙니다. 모세는 분노가 가득 찬 상태에서 반석을 내리치고 있습니다.

　모세는 왜 이렇게 분노하고 있는 것일까요? 앞에서 살펴본 고라와 다단과 아비람의 사건이 그 어떤 사건보다 모세에게 큰 아픔이 되었던 것 같습니다. 단순히 목이 마르니 물을 달라는 것과는 차원이 다른, '우리 형제들이 죽을 때 우리도 죽었더라면 좋을 뻔하였다'라는 말에는 모세에 대한 강한 거부감이 고스란히 담겨 있는 것이고, 그 말을 들은 모세는 격렬하게 분노한 것 같습니다. 그런데 일련의 상황들을 놓고 보면, 모세의 이런 분노에 우리는 인간적인 공감이나 동정의 마음이 생기기도 합니다. 솔직히 하나님의 말씀이 더 이해가 안 되고, 너무하다는 생각도 듭니다. 이제까지 모세는 고생이란 고생은 다하고, 오래 참고 또 참으며 여기까지 왔습니다. 그런데 지팡이로 반석 두 번 쳤다고 가나안 땅에 못 들어가게 하시는 것은 너무 심한 것 같아 보입니다. 정말 하나님은 이렇게 심하신 분이실까요?

　우리가 이 말씀을 이해하기 위해서는 레위기의 말씀을 살펴보면 도움이 됩니다. 레위기 10:1-3절에 보면, 아론의 아들 나답과 아비후가 여호와 앞에 첫 번째 제사를 드리면서 여호와가 명령하지 아니한 불을 담아 분향하였다가 그 앞에서 바로 죽습니다. 그리고 여호와 하나님께서는 모세를 통해 '나는 나를 가까이하는 자 중에서 내 거룩함을 나타내겠고 온 백성 앞에서 내 영광을 나타내리라(레 10:3)'라고 말씀하십니다. 이것이 하나님께서 말씀하시고자 하는 핵심입니다. 하나님께서 가까이해 주실수록, 하나님과 가까워질수록, 하나님께서 주신 은혜가 크고, 받은 은사와 성령의 충만함이 크면 클수록, 하나님 앞에 더 가까이 가면 갈수록 하나님께서는 우리에게 거룩함을 요구하십니다. 하나님을 향한 거룩과 정결, 겸손과 순종을 요구하십니다. 하나님께서 나에게 많은 은혜를 주시고 나를 통해 일하시니, 우쭐하여 내 마음대로 행동하고 내 편의대로 생각하는 것을, 성경은 교만이고 방종이라고 말합니다.

모세는 하나님 앞에 가장 가까이 나아간 사람입니다. 그러므로 모세에게 요구되었던 것은 가장 거룩한 모습, 가장 겸손한 모습, 더욱 온전한 순종입니다. 그런데 이스라엘 백성들의 말 한마디가 그의 마음을 뒤집어 놓았고, 모세는 마치 하와처럼 행동합니다. 하나님께서 하신 말을 적당히 바꾸고 하나님께서 하시지도 않은 말과 행동을 거침없이 행합니다.

우리는 본문 말씀을 통해 분명하게 깨달아야 합니다. 첫째는 하나님께서 주신 은혜가 클수록 더 거룩하고 더 겸손하고 더 하나님 앞에 엎드려져야 합니다. 둘째는 하나님은 백성들과 같지 않다는 것입니다. 하나님께서는 이스라엘 백성 중에서 거룩함을 나타내셨는데(민 20:13), 모세는 하나님의 거룩함을 나타내지 아니하였다(민 20:12)고 말씀하십니다. 그렇다면, '거룩함'은 무엇일까요? 거룩은 구별한다는 뜻입니다. 거룩은 다르다는 것입니다. 이스라엘 백성들은 신실하지 않지만 하나님은 신실하지 않은 그들을 향해 언제나 신실하신 분이십니다. 하나님은 사람과 다르십니다. 하나님은 사람과 다르십니다. 이것이 하나님의 거룩함입니다.

이스라엘 무리가 반역하는 상황 앞에서 모세가 드러내야 했던 것은 자기의 감정이나 자기의 판단이 아니라 하나님의 거룩함이었습니다. 그런데 하나님을 가장 가까이했던 모세가 실패합니다. 그렇다면 도대체 누가 하나님의 거룩함을 드러낼 수 있을까요? 누가 하나님께 가까이 나아가며, 누가 하나님의 온전하고 지극한 거룩함을 나타낼 수 있을까요? 모세의 실패는 우리로 하여금 예수 그리스도를 더 붙잡게 하고, 더욱 그분을 소망하게 합니다. 왜냐하면 모세가 실패했던 그 일을, 예수 그리스도께서는 완전한 순종과 완전한 거룩으로 하나님의 거룩함을 나타내셨기 때문입니다.

예수님께서는 어떻게 하나님의 거룩함을 나타내셨을까요?
하나님께서는 나사렛 예수에게 성령과 능력을 기름 붓듯 하셨고(행 10:38), 사탄은 끊임없이 예수님을 시험하면서 예수님의 마음에 허영심과 자존심과 자만심을 불어넣으려고 합니다. 그런 사탄을 향해 예수님께서는 더욱더 하나님의 말씀을 따르고 순종하시며, 나의 목표는 소유와 성공이 아니라 하나님을 경외하고 하나님을 예배하는 것이라고 말씀하십니다. 예수님께서 십자가를 지는 과정에도 똑같은 상황이 펼쳐집니다. 예수님께서 잡히시던 날 밤, 베드로는 대제사장의 종의 귀를 칼로 쳐서 잘라버립니다. 그때 예수님께서는 칼을 가지는 자는 다 칼로 망한다고 말씀하시면서 '너는 내가 내 아버지께 구하여 지금 열두 군단 더 되는 천사를 보내시게 할 수 없는 줄로 아느냐 내가 만일 그렇게 하면 이런 일이 있으리라 한 성경이 어떻게 이루어지겠느냐(마 26:53-54)'라고 말씀하십니다. 예수님에게 중요한 것은 자신의 안정과 평안이 아니라 하나님께 순종하는 것이고, 하나님 앞에서 겸손한 것입니다.

또 예수님께서는 잡히시기 전, 겟세마네 동산에서 땀을 핏방울같이 흘리시면서 기도하셨습니다. 그 기도는 하나님을 변화시키기 위한 것이 아니라 자신을 쳐서 하나님께 복종시키기 위한 것이었습니다. 그리고 십자가 위에서 '어찌하여 나를 버리시니까' 기도하셨던 예수님께서, 한편으로는 '아버지 저들을 사하여 주옵소서 자기들이 하는 것을 알지 못함이니이다(눅 23:34)'라고 기도하십니다. 바로 자신을 죽이려는 자들을 향하여 하나님의 거룩하심을 나타내신 것입니다.

빌립보서 2:6-8절에서는 '그는 근본 하나님의 본체시나 하나님과 동등됨을 취할 것으로 여기지 아니하시고 오히려 자기를 비워 종의 형체를 가지사 사람들과 같이 되셨고 사람의 모양으로 나타나사 자기를 낮추시고 죽기까지 복종하셨으니 곧 십자가에 죽으심이라'라고 말씀하고 있습니다. 그리고 9-11절에서는 '이러므로 하나님이 그를 지극히 높여 모든 이름 위에 뛰어난 이름을 주사 하늘에 있는 자들과 땅에 있는 자들과 땅 아래에 있는 자들로 모든 무릎을 예수의 이름에 꿇게 하시고 모든 입으로 예수 그리스도를 주라 시인하여 하나님 아버지께 영광을 돌리게 하셨느니라' 말씀하십니다. 사도 바울은 빌립보 교회를 향해 왜 이런 말을 하는 것일까요?

'너희 안에 이 마음을 품으라 곧 그리스도 예수의 마음이니(빌 2:5)'

이것이 마지막 결론입니다. 어떤 마음을 품으라는 것일까요? 하나님의 거룩하심을 드러내려는 마음, 하나님의 거룩하심이 드러나기를 원하는 마음, 이러한 예수님의 마음을 품으라는 것입니다.

Writing Jesus · Reading Jesus · **Sharing Jesus** · Praying Jesus

❶ 나는 하나님의 말씀 앞에서 감정과 상황이 아닌, 믿음으로 반응하고 있는가?

모세는 극심한 감정 속에서 하나님의 명령대로 반석을 말씀으로 명하라는 지시를 어기고, 지팡이로 쳤습니다.

 나도 힘들고 억울한 순간에, 하나님의 말씀보다 내 감정대로 반응하고 있지는 않은가? 하나님의 명령이 내 감정보다 우선인가?

❷ 나는 하나님의 거룩함을 드러내는 방식으로 사람들을 섬기고 있는가?

하나님은 "너희가 나를 믿지 아니하고, 이스라엘 자손의 목전에서 내 거룩함을 나타내지 아니하였다"고 책망하십니다.

 나는 교회나 가정, 직장에서 하나님의 이름을 어떻게 드러내고 있는가? 나의 말과 행동이 하나님의 거룩함을 높이고 있는가, 아니면 흐리고 있는가?

❸ 하나님의 사역을 감당하는 과정에서 '하나님의 방법'을 소홀히 하며 내 방식에 익숙해져 있지는 않은가?"

모세는 이전의 경험(출 17장)대로 반석을 치는 방식에 익숙했고, 하나님께 순종하기보다 자기 방식을 따랐습니다.

나는 하나님의 일을 하면서도, 내 경험과 익숙한 방식만을 반복하고 있지 않은가? 하나님께서 지금 새롭게 명하시는 말씀에 민감하게 반응하고 있는가?

우리는 연약합니다. 우리는 부족합니다. 실패한 모세의 마음이 예수님의 마음보다 더 이해가 됩니다. 그렇다면 우리는 어떻게 해야 할까요? 예수 그리스도를 의지해야 합니다. 예수의 이름으로 구해야 합니다. 예수님의 보혈에 의지하여 하나님 앞에 나아가야 합니다. 우리가 더욱 예수를 붙들고, 예수를 의지하고, 예수를 소망하고, 예수를 사랑함으로 점점 더 예수를 닮아가는 우리가 되기를 소망합니다.

거룩하시고 변함없으신 하나님 아버지!
받은 은혜가 크다고 해서 내 감정과 내 판단대로
행동하지 않게 하시고,
어떤 상황 속에서도 주님의 거룩하심을 먼저 드러내게 하옵소서.
억울함과 상처, 분노가 우리를 흔들 때도,
십자가 위에서 하나님의 거룩을 나타내신
예수님의 마음을 본받게 하옵소서.
예수님의 완전한 순종과 거룩을 기억하게 하시고,
우리 안에 그리스도의 마음을 품어 세상 속에서
주님의 거룩과 영광을 나타내게 하옵소서.
예수 그리스도의 이름으로 기도드립니다. 아멘!

Writing Jesus · Reading Jesus · Sharing Jesus · **Praying Jesus**

08 Writing Jesus · Reading Jesus · Sharing Jesus · Praying Jesus

요단강을 건너다

여호수아 3:11-17

11 보라 온 땅의 주의 언약궤가 너희 앞에서 요르단을 건너가나니 12 이제 이스라엘 지파 중에서 각 지파에 한 사람씩 열두 명을 택하라 13 온 땅의 주 여호와의 궤를 멘 제사장들의 발바닥이 요단 물을 밟고 멈추면 요단 물 곧 위에서부터 흘러내리던 물이 끊어지고 한 곳에 쌓여 서리라 14 백성이 요단을 건너려고 자기들의 장막을 떠날 때에 제사장들은 언약궤를 메고 백성 앞에서 나아가니라 15 요단이 곡식 거두는 시기에는 항상 언덕에 넘치더라 궤를 멘 자들이 요단에 이르며 궤를 멘 제사장들의 발이 물 가에 잠기자 16 곧 위에서부터 흘러내리던 물이 그쳐서 사르단에 가까운 매우 멀리 있는 아담 성읍 변두리에 일어나 한 곳에 쌓이고 아라바의 바다 염해로 향하여 흘러가는 물은 온전히 끊어지매 백성이 여리고 앞으로 바로 건널새 17 여호와의 언약궤를 멘 제사장들은 요단 가운데 마른 땅에 굳게 섰고 그 모든 백성이 요단을 건너기를 마칠 때까지 모든 이스라엘은 그 마른 땅으로 건너갔더라

11 See, the ark of the covenant of the Lord of all the earth will go into the Jordan ahead of you. 12 Now then, choose twelve men from the tribes of Israel, one from each tribe. 13 And as soon as the priests who carry the ark of the LORD—the Lord of all the earth—set foot in the Jordan, its waters flowing downstream will be cut off and stand up in a heap.' 14 So when the people broke camp to cross the Jordan, the priests carrying the ark of the covenant went ahead of

Writing Jesus · Reading Jesus · Sharing Jesus · Praying Jesus

08 Writing Jesus · Reading Jesus · Sharing Jesus · Praying Jesus

them. ¹⁵ Now the Jordan is at flood stage all during harvest. Yet as soon as the priests who carried the ark reached the Jordan and their feet touched the water's edge, ¹⁶ the water from upstream stopped flowing. It piled up in a heap a great distance away, at a town called Adam in the vicinity of Zarethan, while the water flowing down to the Sea of the Arabah (the Salt Sea) was completely cut off. So the people crossed over opposite Jericho. ¹⁷ The priests who carried the ark of the covenant of the LORD stood firm on dry ground in the middle of the Jordan, while all Israel passed by until the whole nation had completed the crossing on dry ground.

Writing Jesus · Reading Jesus · Sharing Jesus · Praying Jesus

Writing Jesus · **Reading Jesus** · Sharing Jesus · Praying Jesus

요단강을 건너다

　여호수아 때는 다윗 왕의 시기와 견줄 만큼 하나님의 일하심이 가득한 영광의 시기였습니다. 본문 3장은 여호수아서의 하이라이트라고 할 만큼, 매우 중요하고 또 결정적인 순간입니다. 이스라엘의 역사 가운데 홍해와 요단강을 건너는 사건은 매우 중요한 의미를 갖는데, 홍해를 건너는 사건은 노예 신분을 벗어버리는 것을 의미하고, 요단강을 건너는 사건은 반역과 방황의 생활에 종지부를 찍고 하나님께서 허락하신 새 땅에서 하나님의 백성으로 살아가는 일이 시작되었음을 의미합니다.

　안타깝게도 이스라엘 백성들은 홍해를 건넌 다음, 바로 요단강을 건너지 못하고 40년 동안 광야 생활을 해야 했습니다. 성경학자들은 이 시기를 '중간 단계(In-Between)'라고 말합니다. 사실 이 모습은 우리들의 구원이 어떠한가를 이해하는 데 도움을 주는 부분이기도 합니다. 홍해를 건너는 것은 우리가 예수를 믿어 구원에 이르는 것이고, 요단강을 건너는 것은 이 세상의 모든 짐들을 내려놓고 영광의 주님 품에 안겨 낙원에서 편히 쉬는 단계를 의미합니다. 그리고 지금 우리는 그사이에 끼어 있는 인생을 살아가고 있습니다. 성경은 이 시기를 우리 자신이 성숙해 가는 성화의 과정, 성화의 시기임을 알려줍니다.

본문을 보면, 이제 40년 광야 생활을 청산하고 요단강을 건너는 장면이 등장합니다. 이스라엘 백성들은 요단강을 언제쯤 건넜을까요? 본문에서는 '요단이 곡식을 거두는 시기에는 요단강이 항상 언덕에 넘치더라(수 3:15a)'라고 기록하고 있으므로 이 시기를 3, 4월쯤으로 추정하고 있습니다. 그리고 '언약궤를 멘 제사장들의 발이 물가에 잠기자 위에서부터 흘러내리던 물이 그쳐서 매우 멀리 있는 아담 성읍 변두리 한 곳에 쌓이고 염해로 흘러가는 물은 온전히 끊어져 백성이 여리고 앞으로 바로 건널새(수 3:15b~16)'라고 하였는데, 성경학자들은 강바닥이 드러난 거리를 약 40km 정도로 보고 있습니다. 하나님께서는 왜 이렇게 넓은 길을 여셨을까요? 이때 요단강을 건넌 이스라엘 백성의 수는 장정만 약 60만 명, 남녀노소를 다 포함하면 약 200만 명으로 추산하고 있습니다. 이 많은 사람이 하루에 다 요단강을 건너갈 수 있도록 하신 것입니다.

이스라엘 백성들은 요단 강가에서 3일을 기다립니다(수 3:2). 아마도 그들은 이렇게 물이 넘치는 강을 어떻게 건너갈 수 있을 것인가 걱정하며, 여호와 하나님만이 우리를 도울 수 있다고 생각했을 것입니다. 이제 강을 건너려고 할 때, 하나님께서는 여호수아를 통해 3가지 명령을 하십니다.

첫째, '언약궤를 따르라(수 3:3).' 언약궤는 여호와 하나님을 상징하는 것으로 곧 여호와 하나님을 따르라는 것입니다.
둘째, '언약궤와 이스라엘 백성들 사이의 거리를 약 2,000규빗(약 0.9~1km) 정도 떨어지게 하라(수 3:4).' 이 길은 이전에 경험한 적이 없는 길이고 하나님께서 앞서 인도하시는 길입니다. 그러니 이 명령은 어떤 경우에라도 하나님을 앞서 행하지 말라는 뜻입니다.

셋째, '자신을 성결하게 하라(수 3:5).' 상식적으로 우리가 생각해 볼 때, 요단강을 건너자마자 어떤 일이 벌어질지 알 수 없고, 그 땅의 백성들과 전쟁을 치를 수도 있으니 무기를 점검하고 작전에 필요한 물품을 챙기고 식량과 의약품 등을 챙겨야 하는 것이 맞습니다. 그런데 하나님께서는 지금 이스라엘 백성을 향하여 '성결'을 요구하십니다.

이는 주의 백성들이 가져야 할 가장 근본적인 태도를 가르치십니다. 먼저 하나님의 백성들은 거룩과 경건으로 준비되어야 합니다. 하나님의 백성들은 적을 두려워하는 것이 아니라 하나님을 두려워해야 합니다. 우리의 삶에 하나님의 개입을 원하고, 내 삶 가운데 역사 하시는 하나님의 권능을 보기 원한다면 우리에게는 거룩과 성결이 필요하고, 예수 그리스도의 보혈을 의지하는 것이 필요합니다. 이제, 40년 전 그들의 부모 세대가 홍해를 건넜던 것처럼, 이번에도 하나님께서 기적을 베풀어 주셔서 이스라엘 백성들은 요단강을 건너갑니다. 말씀을 묵상하면서 깨닫는 바가 큽니다. 하나님을 의지하는 사람에게는 강의 크기가 문제되지 않습니다. 하나님께는 강의 크기가 문제되지 않기 때문입니다.

요단강 도하는 언약궤를 맨 제사장들이 강에 발을 들여놓음으로 시작됩니다. 그런데 한편으로 우리가 이 말씀을 읽으면서 드는 생각은 '여호수아는 무슨 일을 했나?' 하는 것입니다. 여호수아는 특별한 일을 한 것이 없어 보입니다. 그저 하나님께서 하신 말씀을 백성들에게 전한 것뿐입니다. 홍해를 건널 때 모세는 하나님께서 행하라고 하신 대로 행동을 취합니다. 지팡이를 들고 손을 바다로 내밀 때 바다가 갈라지고, 다 건넌 다음에 다시 손을 바다로 내밀 때 바다가 회복되었습니다(출14:21-27). 그러나 여호수아에게는 그런 일들이 전혀 없습니다. 그렇다면 여호수아의 권위는 어떻게 세워진 것일까요? 그의 권위는 그의 업적으로 세워지는 것이 아니라 하나님의 말씀에 순종함으로 세워집니다.

사랑하는 성도 여러분, 진짜 무서운 사람은 힘이 있는 사람이 아니라 하나님 말씀에 순종하는 사람입니다. 어떤 상황이든, 어떤 형편이든, 하나님의 말씀대로 나아가겠다고 순종하는 그 사람이 가장 강한 사람입니다. 왜 그럴까요? 하나님의 권능이 그를 통해 나타날 것이기 때문입니다. 하나님께서는 바로 이렇게 여호수아를 세우십니다. 그래서 이스라엘 백성은 무기를 가지고 돌진하는 것이 아니라 여호와 하나님의 임재를 따르는 것으로 가나안 정복 전쟁을 시작합니다. 그들이 싸울 수 있는 가장 강력한 힘은 바로 하나님의 임재에 있었기 때문입니다.

이스라엘 백성들이 요단강을 건널 때, 여호수아는 네 가지 중요한 일을 말합니다, 이것을 통해 예배란 무엇인가, 하나님을 경외하는 예배란 어떤 것인가를 우리에게 가르쳐 줍니다.

첫째, '보라!(수 3:11)'입니다. 무엇을 보라는 것일까요? 바로 '여호와의 언약궤'입니다. 하나님의 언약궤를 보라는 것은 무슨 뜻일까요? 이스라엘 백성들은 사흘 동안 요단 강가에 머물면서 내 힘으로는 도저히 건널 수 없는 거대한 요단강을 바라보았을 것이고, 그 거대한 요단강 앞에서 한없이 초라한 자기 자신을 보았을 것입니다. 그런데 지금 여호수아는 요단강도 아니고 초라한 자신도 아니고 '주의 언약궤를 보라!'고 말합니다. 신약시대를 살아가는 우리에게는 '주의 십자가를 보라!'는 뜻입니다. 십자가를 통해 나타난 하나님의 약속과 하나님의 사랑과 하나님의 전능하심과 하나님의 참되심을 보라고 우리를 가르치십니다. 참된 예배자는 하나님을 바라보는 사람입니다. 참된 예배자는 하나님의 언약궤를 바라보고, 예수님의 십자가를 바라보는 사람입니다.

둘째, '발바닥으로 밟으라!(수3:13).'입니다. 성경의 중요한 사건은 발바닥과 연결되어 있습니다. 모세가 하나님을 첫 대면하였을 때, 하나님께서는 '네 발에서 신을 벗으라(출3:5)' 말씀하셨고, 여호수아가 만난 여호와의 군대 대장도 여호수아에게 '네 발에서 신을 벗으라(수5:15)'라고 말합니다. 그리고 하나님께서는 '너희의 발바닥으로 밟는 곳은 다 너희의 소유가 되리니~(신11:24)'라고 말씀하시면서 여기서도 '발바닥'을 강조합니다. 왜 그럴까요? 이스라엘 사회에서 신발은 자유인만 신을 수 있었고, 노예들은 신을 신을 수 없었습니다. 신을 벗으라는 것은 '너희는 종이다!'라는 뜻으로 '온전히 순종하라'는 것입니다. 하나님의 권능은 우리의 순종을 통해서 나타납니다.

하나님께서 우리에게 온전한 순종을 요구하시는 것은 '하나님과의 관계성'을 가장 중요하게 여기시기 때문입니다. 그 관계성 안에서 하나님을 의지하고 하나님을 신뢰하고 하나님을 사랑할 때 하나님의 임재가 그 가운데 나타납니다. 하나님께서는 사람의 조건이나 탁월함을 보시지 않고, 오직 하나님을 향한 그 사람의 사랑을 보십니다. 하나님을 사랑하는 자가 하나님께 순종할 수 있기 때문입니다.

기억하십시오! 우리의 가장 큰 능력은 하나님을 향한 사랑이요, 우리의 가장 큰 무기는 하나님의 임재하심입니다. 어떤 사람에게 하나님이 임재하실까요? 바로 발바닥으로 나아가는 사람입니다. '주여! 저는 주의 종입니다. 주의 말씀에 온전히 따르겠습니다!' 이렇게 발바닥으로 주님 앞에 나아가는 것, 이것이 바로 '예배'입니다. 나의 발에서 신발을 벗고, 주님 앞에 발바닥으로 엎드립니다. 이스라엘 백성을 가로막는 모든 원수들이 그 발바닥에 굴복당합니다. 아무리 요단강물이 거세고 거칠더라도 하나님을 향한 사랑과 신뢰 앞에 굴복하고 맙니다.

우리의 참된 예배는 하나님 앞에 신을 벗는 것이고, 하나님의 온전한 사랑에 나를 맡기는 것이고, 하나님을 향한 사랑과 임재를 간절히 기다리며 주님 앞에 나아가는 것이 우리의 예배입니다. 예수님께서는 이것을 '누구든지 나를 따라오려거든 자기를 부인하고 자기 십자가를 지고 나를 따를 것이니라(마 16:24)'라는 말로 표현하십니다.

우리는 어떻게 신을 벗을까요? 바로 나를 부인하고 나의 십자가를 지고 예수 그리스도를 따르는 것, 그것이 바로 우리가 발에서 신을 벗는 모습이 되고, 그것이 바로 예배의 본질이 됩니다.

셋째, '서다(수 3:17)'입니다. 이제 여호와의 언약궤를 멘 제사장들은 요단 가운데 마른 땅에 굳게 섭니다. 본문 13절에 보면, '~요단 물 곧 위에서부터 흘러내리던 물이 끊기고 한 곳에 쌓여 서리라'라고 되어 있습니다. 한글 성경에서는 여기에 나오는 '서리라'는 표현이 '멈추다(stop)'의 의미로 생각되는데, 영어 성경에서는 'stand up'으로 표현하고 있습니다. 제사장들이 요단강 가운데 멈춰 서면, 약 50km 떨어져 있는 위쪽 물들이 멈추는 것(stop)이 아니라 서는 것(stand up)입니다.

우리의 삶의 자리는 결코 편한 자리가 아닙니다. 우리는 삶 가운데서 거센 탁류를 만나기도 하고 많은 어려움을 겪기도 합니다. 그러나 하나님께서는 우리를 향해 요단강 한가운데 서라고 말씀하십니다. 우리가 믿음으로 굳건히 설 때, 우리를 힘들게 하는 요단강도 같이 섭니다. 하지만 우리의 믿음이 무너질 때, 요단강도 함께 무너져 우리는 거센 탁류에 휩쓸려가게 될 것입니다. 하나님을 향한 참된 예배는 무엇입니까? 문제의 자리, 삶의 어려운 자리, 내가 외면하고 싶은 그 자리에, 주를 믿는 믿음으로 내가 굳건히 서는 것입니다(stand up). 우리가 그렇게 믿음으로 설 때, 내 삶을 위협하며 다가왔던 그 모든 것들은 더 이상 나에게 위협이 될 수 없을 것입니다.

넷째, '유월절을 지키다-어린 양의 보혈을 의지하다(수 5:10)'입니다. 여호수아 4:19절에 보면, 첫째 달 10일에 요단에서 올라와 길갈에 진을 쳤다고 기록하고 있습니다. 그리고 이후 할례를 행하고 첫째 달 14일에 유월절을 지킵니다(수 5:2-10). 이스라엘 백성들이 출애굽 하기 직전, 마지막 열째 재앙인 애굽의 모든 장자를 멸하시는 하나님의 심판이 있었을 때, 어린 양의 피를 문인방과 좌우 문설주에 바른 가정은 이스라엘 백성이나 애굽 사람이나 구원을 받았습니다(출12장). 그리고 이 사건을 기념하는 절기가 바로 유월절입니다. 이스라엘 백성들은 홍해를 건너가기 직전에 유월절을 지켰고, 요단강을 건너온 다음, 바로 유월절을 지킵니다. 무슨 의미일까요? 구원은 어린 양의 보혈에 있다는 뜻입니다.

우리가 하나님 앞에 참된 예배를 드리려고 할 때, 기쁨으로 드릴 때도 있지만, 굉장히 힘들 때도 있습니다. 요단강 도하 사건에서 유월절을 다시 우리에게 기억하게 하시는 이유는 우리가 드리는 모든 예배의 기초는 오직 예수 그리스도의 보혈에 있다는 것을 알려줍니다. 우리가 예배를 통해 다시 힘을 얻을 수 있는 것도 예수의 보혈 때문이고, 우리가 아무리 잘못했더라도 다시 하나님 앞에서 설 수 있는 것도 예수 그리스도를 의지하기 때문입니다. 반대로 우리가 아무리 잘한 일이 있을지라도 예수 그리스도를 의지하지 못한다면 우리는 하나님 앞에 설 수 없습니다.

Writing Jesus · Reading Jesus · **Sharing Jesus** · Praying Jesus

❶ 나는 요단강 앞에 섰을 때, 하나님의 말씀을 따라 첫 발을 내딛는 믿음을 가지고 있는가?

하나님은 요단강이 갈라지기 전이 아니라, 제사장들이 발을 들여놓을 때 물이 끊어지게 하셨습니다.

 내가 직면한 불가능해 보이는 상황 속에서도, 하나님의 말씀을 신뢰하며 먼저 발을 내딛고 있는가?

❷ 나는 삶의 가장 중심에 '하나님의 임재(언약궤)'를 두고 살아가고 있는가?

요단강 도하의 중심에는 언약궤, 곧 하나님의 임재가 있었습니다.

 내 인생의 결정, 변화, 도전의 순간마다 하나님의 뜻이 중심에 있는가? 하나님보다 앞서거나 뒤처지지는 않았는가?

Writing Jesus · Reading Jesus · **Sharing Jesus** · Praying Jesus

❸ 하나님께서 나를 위해 기적을 베푸셨던 '요단강'의 순간들을 나는 어떻게 기억하고 있는가?

하나님은 이 사건을 통해 하나님이 살아계시며, 이스라엘 가운데 계심을 알게 하셨고, 그 기억을 백성들이 세대에 걸쳐 간직하길 원하셨습니다.

 나는 하나님의 은혜의 사건을 잊고 살고 있지는 않은가? 내가 경험한 요단강의 기적을 다음 세대에 어떻게 전하고 있는가?

참된 예배는 유월절 어린 양의 보혈을 의지하는 것입니다. 참된 예배는 하나님보다 앞서지 않는 것입니다. 참된 예배는 우리의 신을 벗고 발바닥으로 하나님 앞에 나아가는 것입니다. 참된 예배는 믿음으로 그 자리에 우뚝 서는 것입니다. 우리의 가장 큰 능력은 하나님을 사랑하는 것이고 우리의 가장 큰 무기는 하나님의 임재입니다. 우리 모두가 이런 하나님의 임재를 경험하는 참된 예배자로, 하나님 앞에 바로 서기를 원합니다.

거룩하시고 전능하신 하나님 아버지!
요단강이 아무리 거세고 깊어도,
우리의 힘이 아니라 주님의 능력으로 건너게 하심을 믿습니다.
그러니 주님, 제 삶의 모든 길에서 언약궤를 바라보며,
발에서 신을 벗고, 믿음으로 굳게 서게 하옵소서.
주님의 부르심 앞에서 머뭇거리지 않게 하시고,
문제의 한가운데서도 주를 신뢰하며 서게 하시며,
예수 그리스도의 보혈만을 의지하게 하옵소서.
예수 그리스도의 이름으로 기도드립니다. 아멘!

Writing Jesus · Reading Jesus · Sharing Jesus · **Praying Jesus**

09 **Writing Jesus** · Reading Jesus · Sharing Jesus · Praying Jesus

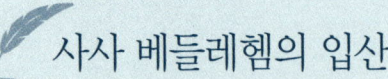 사사 베들레헴의 입산

사사기 12:8-10

8 그 뒤를 이어 베들레헴의 입산이 이스라엘의 사사가 되었더라 9 그가 아들 삼십 명과 딸 삼십 명을 두었더니 그가 딸들을 밖으로 시집 보냈고 아들들을 위하여는 밖에서 여자 삼십 명을 데려왔더라 그가 이스라엘의 사사가 된 지 칠 년이라 10 입산이 죽으매 베들레헴에 장사되었더라

8 After him, Ibzan of Bethlehem led Israel. 9 He had thirty sons and thirty daughters. He gave his daughters away in marriage to those outside his clan, and for his sons he brought in thirty young women as wives from outside his clan. Ibzan led Israel seven years. 10 Then Ibzan died, and was buried in Bethlehem.

Writing Jesus · Reading Jesus · Sharing Jesus · Praying Jesus

Writing Jesus · **Reading Jesus** · Sharing Jesus · Praying Jesus

사사 베들레헴의 입산

　장기나 바둑은 직접 두는 것도 재미있지만 옆에서 구경하는 것도 상당히 재미있습니다. 그런데 장기나 바둑 두는 것을 구경하면서 가만히 있는 사람도 드뭅니다. 장기나 바둑을 조금이라도 둘 줄 아는 사람이라면 어김없이 훈수를 두는 경우가 많습니다. 하지만 정작 자신이 플레이어가 되어보면, 곁에서 볼 때 처럼 쉽지만은 않습니다. 우리의 인생도 마찬가지입니다. 다른 사람의 인생을 들여다보면, 이렇게 저렇게 하면 좋겠다는 생각이 들 때도 있습니다. 성경에 등장하는 인물 중 특히 사사기에 등장하는 인물들의 삶을 보면 우리는 종종 훈수 두고 싶은 마음이 들 때가 있습니다. 기드온의 삶도, 삼손의 삶도 이렇게 저렇게 조언하고 싶어집니다. 그리고 그런 생각이 또 우리 마음속에 도전이 되기도 하고 교훈이 되기도 합니다.

　사사(士師/Judges)는 히브리어로 샤파트(shophet)라고 하는데 '재판하다, 판결하다'의 뜻과 '다스리다, 통치하다'의 뜻이 있습니다. 한문 성경에는 판관(判官)으로 되어 있는데, 옳고 그름을 판별해 주는 사람, 재판해 주는 사람을 뜻합니다. 성경에서는 사사들이 굉장히 다양한 역할을 합니다. 일반적으로는 전쟁에서의 구원자, 중보자, 그리고 영적인 지도자 역할을 합니다. 전체적으로 보면 억압당하고 있는 이스라엘 백성들을 건져내는 일을 한 것입니다. 우리는 사사기를 읽을 때 기드온의 전쟁, 삼손의 전쟁 등 이벤트적인 사건들을 중심으로 기억합니다만 눈여겨볼 것은 사사기의 전체적인 맥락에서 보면 전쟁을 제외한 나머지 20년, 30년, 또는 그 이상의 긴 시간 동안 사사들이 감당했어야 할 역할입니다. 사사들은 하나님 앞에 어떻게 순종해야 하는지, 무엇이 옳은지 등을 이스라엘 백성들에게 가르치는 선생님과 같은 리더로서 살아야했습니다.

그렇게 하려면 사사들은 우선 재판을 잘해야 합니다. 무엇이 옳고 그른 것인가 하는 것을 제시할 수 있고, 판단해 줄 수 있어야 했습니다. 그래서 사사들에게 요구되는 것은 바로 하나님 말씀에 대한 풍부한 지식과 모세 오경에 나오는 율법과 규례들을 잘 아는 것이었고, 이것을 근거로 실제 벌어지는 사건들을 자세히 살피고, 그 안에 숨겨진 진실을 끄집어내어 하나님 앞에서 옳고 그름을 판단할 수 있어야 했습니다. 사사에게는 법조문에 대한 충분한 지식뿐만 아니라 사람들의 마음을 꿰뚫어 볼 줄 아는 일들이 중요했습니다.

그래서 솔로몬은 기브온 산당에서 일천 번제를 드린 후, 하나님께서 꿈에 나타나셔서 '내가 네게 무엇을 줄꼬 너는 구하라(왕상 3:5)' 말씀하셨을 때, '아버지 다윗을 대신하여 왕이 되게 하셨사오나 종은 작은 아이라 출입할 줄을 알지 못하고 백성의 수효가 많아 셀 수도 없고 기록할 수도 없사오니 듣는 마음을 종에게 주사 주의 백성을 재판하여 선악을 분별하게 하옵소서(왕상 3:7-9)'라고 대답하였습니다. 실제로 솔로몬은 '듣는 마음'을 구했습니다.

왜 그랬을까요? 판단을 잘하기 위해서였습니다. 왕으로서 해야 하는 가장 중요한 일이 하나님의 말씀을 이스라엘 백성들에게 가르치고, 이스라엘 백성 가운데 정의가 넘치도록 해야 하는 일인데, 그러기 위해서 첫째는 백성들의 이야기를 잘 들어야 했고, 둘째는 하나님의 뜻을 잘 알아야 했습니다. 솔로몬은 자기 기준으로 옳고 그름을 판단하는 것이 아니라 하나님께서 기뻐하시고 원하시는 하나님의 정의를 따라 판단해야 했기 때문에 '듣는 마음'이 필요했던 것입니다. 정의의 기준은 사람이 아니라 사람을 창조하신 하나님에게서 나옵니다. 참된 정의는 하나님께서 세우십니다.

그러므로 성경이 말하는 정의는 하나님의 기쁨과 즐거움이 담겨 있어야 하고, 봄바람처럼 따스함과 만물을 소생시키는 생명이 있어야 합니다. 이것이 하나님의 마음이 담긴 정의의 모습이고, 정의의 길입니다. 율법에는 하나님의 기뻐하시는 길이 담겨 있습니다. 그래서 '하나님의 뜻을 묻는다'라는 말은 '하나님께서 기뻐하시는 길을 제가 원합니다'라는 뜻입니다. 우리도 하나님의 뜻을 구할 때가 있습니다. 우리가 하나님의 뜻을 구한다는 것은 설령, 그 길이 내 마음에 들지 않더라도, 그것을 하나님께서 기뻐하시면 제가 따르고 순종하겠다는 확고한 결심이 있어야 합니다. 하나님께서 기뻐하시는 그것을 제가 하기를 원합니다! 이것이 하나님의 뜻을 구하는 사람의 자세이고, 이러한 것을 가르치는 사람들이 바로 사사였습니다.

사사기에 등장하는 사사는 총 12명으로, 기록의 분량에 따라 '대사사' 6명, '소사사' 6명으로 구분합니다. 열왕기서에서는 '다윗의 길을 따랐다' 또는 '다윗의 길을 버렸다'라는 표현으로 좋은 왕과 악한 왕을 평가하고 있는데, 사사에 대한 평가는 '평온하였더라' 또는 '구원하였더라'라는 말로 표현하고 있습니다. 전반부에 등장하는 6명의 사사를 보면, 옷니엘은 '그 땅이 평온한 지 사십 년에(삿3:11)', 에훗은 '그 땅이 80년 동안 평온하였더라(삿 3:30)', 삼갈은 '그도 이스라엘을 구원하였더라(삿 3:31)', 드보라는 '그 땅이 40년 동안 평온하였더라(삿5:31)', 기드온은 '40년 동안 그 땅이 평온하였더라(삿 8:28)', 돌라는 '돌라가 일어나서 이스라엘을 구원하니라(삿 10:1)' 이렇게 좋은 평가를 받고 있습니다.

그런데 후반부에 등장하는 6명에 대한 평가는 어떠할까요? 사사기 10:3-5절에 보면, 야일이 일어나 22년 동안 이스라엘의 사사가 되었는데 그는 아들 30명과 성읍 삼십을 가졌고, 야일이 죽으매 가몬에 장사되었다는 내용만 있고, 평온하였다거나 구원하였다는 내용은 없습니다. 또 입다는 그의 잘못된 서원으로 무남독녀 외동딸을 번제물로 바친 안타까운 사람입니다. 그가 사사로 있을 때, 이스라엘 동족인 길르앗 사람들과 에브라임 사람들 사이에 전쟁이 일어나 '십볼렛'이라 발음하면 에브라임 사람이라고 단정하고 길르앗 사람들이 그들을 죽였는데, 그때 죽은 에브라임 사람의 수가 사만 이천 명이었다고 기록하고 있습니다(삿 12:5-6). 그리고 '그가 죽으매 길르앗에 있는 그의 성읍에 장사되었더라(삿 12:7)' 기록하고 있습니다. 이후에 사사가 된 입산, 엘론, 압돈도 '그가 죽으매 어디에 장사 되었더라'라고만 기록하고 있습니다.

그리고 마지막 사사 삼손은 가장 안타깝고 비참한 죽음을 맞이합니다. 사사기 16:28절에 보면, '주 여호와여 구하옵나니 나를 생각하옵소서 하나님이여 구하옵나니 이번만 나를 강하게 하사 나의 두 눈을 뺀 블레셋 사람에게 원수를 단번에 갚게 하옵소서', 또 30절에서는 '힘을 다하여 몸을 굽히매 그 집이 곧 무너져 그 안에 있는 모든 방백과 온 백성에게 덮이니 삼손이 죽을 때에 죽인 자가 살았을 때 죽인 자보다 더욱 많았더라'. 그리고 마지막 31절에서는 '그의 아버지 마노아의 장지에 장사하니라 삼손이 이스라엘의 사사로 이십 년 동안 지냈더라'라고 기록하고 있습니다. 여기에도 이스라엘을 구원하였다는 내용이 없습니다. 왜 그럴까요? 힘도 세고 똑똑했던 삼손이었지만, 그는 이스라엘을 구원하기 위해 자기를 희생한 것이 아니라 자기의 두 눈을 뺀 블레셋 사람에게 단번에 원수를 갚기 위해, 또 자기의 자존심을 세우는 데 마지막까지 온 힘을 썼던 것입니다.

이처럼 후반부에 등장하는 사사 6명에게는 평온도 없고 구원도 없습니다. 사사로서 자기의 일을 제대로 감당하지 못한 사람들입니다. 특히 본문에 등장하는 입산은 베들레헴 사람으로, '그가 아들 삼십 명과 딸 삼십 명을 두었더니 그가 딸들을 밖으로 시집보냈고 아들들을 위하여는 밖에서 여자 삼십 명을 데려왔더라(삿12:9)'라고 기록하고 있습니다. 그리고 그는 베들레헴에 장사되었다(삿12:10)고 기록하면서 '베들레헴'을 강조하고 있습니다. 베들레헴은 예수님께서 태어나신 곳이기도 하지만, 같은 시대를 살았던 '보아스'도 베들레헴 출신입니다. 성경은 사사기와 룻기를 통해 같은 시대를 살았던 베들레헴 출신의 입산과 보아스의 삶을 비교하고 있습니다.

입산에게 아들, 딸이 60명이나 있었다고 하는데, 입산뿐만 아니라 앞서 등장했던 야일도 아들이 30명이 있어 어린 나귀 30마리를 탔고(삿10:4), 압돈도 아들 40명에 손자가 30명이 있어서 어린 나귀 70마리를 탔다(삿12:14)고 합니다. 어린 나귀는 고귀한 자라는 표현이고 존귀한 자라는 표현입니다. 그만큼 엄청난 부를 축적하고 있었다는 이야기입니다. 특별히 입산은 밖으로 딸을 시집보내고 아들을 위해 밖에서 여자들을 데려왔다고 합니다. 여기에 표현된

'밖'이라는 표현은 공동번역과 표준 새번역에서는 '다른 집안'으로 번역하였고, 한문 성경이나 개역 성경에서는 '타국'으로 표현하고 있는데, 어찌되었든 여기에는 묘한 영적 위기와 긴장감이 깔려 있습니다.

사사기 3:5-6절에 보면, '그러므로 이스라엘 자손은 가나안 족속과 헷 족속과 아모리 족속과 브리스 족속과 히위 족속과 여부스 족속 가운데에 거주하면서 그들의 딸들을 맞아 아내로 삼으며 자기 딸들을 그들의 아들들에게 주고 또 그들의 신들을 섬겼더라'라고 기록하고 있습니다.
이들은 단순히 결혼만 한 것이 아니라 이로 인해 이방 신들과 이방 문화가 따라 들어오게 됩니다. 이방 여인을 맞이함으로써 패가망신했던 대표적 인물이 바로 '듣는 마음을 주소서!'라고 기도했던 솔로몬입니다.
'솔로몬 왕이 바로의 딸 외에 이방의 많은 여인을 사랑하였으니 곧 모압과 암몬과 에돔과 시돈과 헷 여인이라(왕상 11:1)'

하나님께서는 이미 이렇게 될 줄 아시고 열왕기상 11:2절에 보면 '너희는 그들과 서로 통혼하지 말며 그들도 너희와 서로 통혼하게 하지 말라 그들이 반드시 너희의 마음을 돌려 그들의 신들을 따르게 하리라' 말씀하십니다. 그런데 '솔로몬이 그들을 사랑하였고 후궁 700명, 첩 300명, 그의 여인들이 왕의 마음을 돌아서게 하였다(왕상 11:2-3)'고 합니다. 그렇게 하나님을 사랑하지 않고 하나님 여호와를 떠난 솔로몬에 대한 하나님의 평가는 '진노'였습니다(왕상 11:9).

솔로몬이 자신의 쾌락과 욕망을 따라 이방 여인들을 맞이한 것이라면, 입산이 자기의 아들과 딸들을 밖으로 결혼시킨 것은 자신의 권력과 세력을 키

우려고 했던 것입니다. 힘 있는 집안과 결혼하는 것이 나쁜 것이 아니라, 그것이 나의 힘이 되고 나의 실력이 되어 견고하고 단단한 나의 성이 되어버리는 것이 문제입니다. 입산은 수많은 자녀를 낳고 엄청난 부를 축적하고 자신의 세력 확장을 위해 탄탄한 인맥도 쌓았지만, 그 결과는 이스라엘의 구원도, 그 땅의 평온도 아니었습니다. 입산은 이스라엘의 사사였지만, 그 모든 것은 자신을 위한 것일 뿐, 이스라엘의 구원과 평온과는 아무 상관이 없는 일이 되었습니다.

우리가 사사기를 읽으면서 이런 부분이 안타깝습니다. 사사들의 시작은 매우 창대하였으나, 그 끝은 매우 미약한 것으로 끝납니다. 그래서 이스라엘 사람들은 사사들에게 실망하고 낙심하면서 왕을 구하게 되지만, 왕이라고 해서 별수 없었다는 것이, 이스라엘의 역사입니다. 우리는 질문을 하지 않을 수 없습니다. 그렇다면 우리에게 해답은 있는가? 우리에게 돌파구는 있는가? 사사도 안되고 왕도 안되는, 이런 인간의 부족함은 우리를 예수 그리스도께로 인도합니다.

우리를 온전하게 구원하실 분, 우리에게 참된 평안을 주실 분, 완전한 평화와 완전한 의로 우리를 인도하실 분은 오직 예수 그리스도, 한 분이십니다. 예수님은 실패한 사사와 실패한 왕들의 임무를 온전하게 수행하셨고 정의가 무엇인지 보여 주셨습니다. 시작은 창대하였으나 나중은 미약한 것이 아니라 나중의 나중까지, 마지막의 끝까지 하나님의 정의가 무엇인지를 보여 주셨습니다. 십자가에 죽으시기까지, 하나님께서 원하시는 참된 정의와 하나님께서 바라시는 진정한 정의는 바로 생명을 살리는 데에 있음을 예수님께서 보여 주셨습니다. 그래서 우리는 어렵고 힘들 때 예수님을 찾아야 합니다. 우리가 할 수 있는 일은 아무것도 없습니다. 오직 하나님께서 하셔야 합니다. 우리는 예수 그리스도 앞으로 나아가야만 합니다.

예수님은 완전한 왕이시고, 부르짖고 찾는 자에게 구원을 주시는 분이십니다. 우리가 직분자로서, 목사로서, 선교사로서, 장로와 권사, 집사와 교사, 순장으로서 몇 년을 지냈다는 것으로 끝난다면? 사사기는 우리에게 질문을 합니다. 거기에 구원이 있었는가? 거기에 평안이 있었는가? 우리의 가정도 마찬가지입니다. 우리에게 의욕은 있으나 실력이 없습니다. 그래서 우리에게는 더욱더 예수 그리스도가 필요합니다. 성도는 예수 그리스도와 연합된 사람들입니다. 이 진리에 우리의 소망이 있습니다. 예수의 힘으로, 하나님의 영으로 나를 강하게 하는 것이 아니라 하나님께서 이루고자 하시는 그 구원이 이루어지도록 해야 할 것입니다. 눈물과 답답함이 있을지라도 우리 안에 예수 그리스도가 계시므로 그 자리를 견뎌내고 참아내어 예수 그리스도로 말미암아 그 가운데 구원이 일어나고 평안이 있기를 원합니다.

Writing Jesus · Reading Jesus · **Sharing Jesus** · Praying Jesus

❶ 나는 나에게 주어진 자리를 어떻게 사용하고 있는가? 하나님의 뜻을 이루는 사명으로 살아가고 있는가?

입산은 칠 년간의 사사직을 감당했지만, 성경은 그에 대한 위대한 업적이나 전쟁보다 자녀들과 베들레헴 출신이라는 기록만을 남깁니다.

 나는 내 삶의 자리를 하나님의 영광과 공동체의 유익을 위한 사명으로 인식하고 있는가?

❷ 나는 나의 가정을 하나님 나라의 가치로 세우고 있는가?

입산은 30명의 아들과 30명의 딸을 두었고, 이들의 결혼을 가문 중심이 아닌 외부와의 연합으로 성사시켰습니다. 이는 당시 사사기 시대의 가치 혼란과 연결됩니다.

 나는 자녀나 가정에 대해 세상의 기준보다 하나님의 뜻을 따르고 있는가? 가정 안에 신앙의 유산과 믿음의 길이 이어지고 있는가?

Writing Jesus · Reading Jesus · **Sharing Jesus** · Praying Jesus

❸ 나는 이름을 남기려 하는가, 아니면 하나님의 흔적을 남기려 하는가?

입산은 이름은 기록되었지만, 영적인 영향력이나 사명의 흔적은 드러나지 않았습니다. 하나님은 삶의 길이보다는 방향을, 크기보다는 깊이를 중요하게 여기십니다.

 나는 내 이름, 업적, 외적 성공보다 하나님께서 기뻐하시는 순종과 신실함의 흔적을 남기고 있는가?

사사기 말씀은 우리에게 거울이 되어 우리 자신을 비춰주고 있습니다. 나의 인생을 어떻게 하나님 앞에 드릴 것인가?

기억하십시오! 누군가를 구원하는 일에 하나님께서는 우리를 사용하십니다. 내가 그 자리에 있으므로 그곳에 평안이 있는 의의 도구로, 참된 예배자로, 나를 받아 주시기를 함께 간절히 기도하겠습니다.

거룩하시고 의로우신 하나님 아버지!
입산처럼 많은 것을 가졌으나 주님의 구원과 평안을
이루지 못하는 인생이 되지 않게 하옵소서.
나의 세력을 쌓는 것이 아니라,
하나님의 뜻을 이루는 일에 쓰임 받게 하옵소서.
예수님께서 실패한 사사와 왕들의 자리에서
참된 정의와 평안을 끝까지 완성하신 것처럼,
우리의 직분과 사역이, 우리의 가정과 삶이
나를 드러내는 자리가 아니라 생명을 살리고
하나님의 평안을 전하는 자리가 되게 하옵소서.
예수 그리스도의 이름으로 기도드립니다. 아멘!

Writing Jesus · Reading Jesus · Sharing Jesus · **Praying Jesus**

Writing Jesus · Reading Jesus · Sharing Jesus · Praying Jesus

그일라를 구원하라

사무엘상 23:12-14

12 다윗이 이르되 그일라 사람들이 나와 내 사람들을 사울의 손에 넘기겠나이까 하니 여호와께서 이르시되 그들이 너를 넘기리라 하신지라 13 다윗과 그의 사람 육백 명 가량이 일어나 그일라를 떠나서 갈 수 있는 곳으로 갔더니 다윗이 그일라에서 피한 것을 어떤 사람이 사울에게 말하매 사울이 가기를 그치니라 14 다윗이 광야의 요새에도 있었고 또 십 광야 산골에도 머물렀으므로 사울이 매일 찾되 하나님이 그를 그의 손에 넘기지 아니하시니라

12 Again David asked, 'Will the citizens of Keilah surrender me and my men to Saul?' And the LORD said, 'They will.' 13 So David and his men, about six hundred in number, left Keilah and kept moving from place to place. When Saul was told that David had escaped from Keilah, he did not go there. 14 David stayed in the desert strongholds and in the hills of the Desert of Ziph. Day after day Saul searched for him, but God did not give David into his hands.

Writing Jesus · Reading Jesus · Sharing Jesus · Praying Jesus

Writing Jesus · **Reading Jesus** · Sharing Jesus · Praying Jesus

그일라를 구원하라

　예수 그리스도를 나의 구주로 믿고 살아가는 성도의 소원은 나의 삶이, 나의 인격이, 나의 성품이 예수 그리스도를 닮아가는 것입니다. 비록 우리가 완전하게 예수 그리스도의 성품을 닮지는 못한다고 하더라도 말 한마디, 행동 하나라도 닮아가기를 소망하면서 살아갑니다. 그렇다면, 어떤 모습이 예수님의 마음을 닮은 모습일까요?
　사무엘상 23장은, 우리가 예수님을 닮아간다는 것이 어떤 의미인가를 이해하는 데 도움이 되는 말씀입니다.

　본문은 다윗이 사울을 피해 다니는 내용입니다. 사무엘상 17장부터 시작된 사울과 다윗의 인연은 18장에서 다윗에 대한 질투의 씨앗이 사울의 마음에 심어졌고, 이후 그 질투가 싹이 나고 자라서 열매를 맺게 되는 과정으로 전개됩니다. 사울의 마음에 남은 한마디는 '사울이 죽인 자는 천천이요 다윗은 만만이로다(삼상 18:7)'입니다. 이 말은 사울의 마음에, 다윗을 향한 미움의 뿌리를 내리게 하였고, 그때부터 사울은 다윗 죽이는 일에 몰두하게 됩니다. 처음에는 간접적으로 죽이려 하였지만, 나중에는 노골적으로 행동하였고 그의 말년에는 다윗을 죽이는 일이 사울의 삶의 목적이라고 생각했을 만큼, 완전히 미쳐버린 사울의 모습을 우리는 볼 수 있습니다.

사울은 다윗을 죽이려고 하지만 한편으로는 많은 사람이 다윗을 돕습니다. 다윗의 아내이자 사울의 딸인 미갈도 다윗이 창밖으로 도망할 수 있도록 도왔고(삼상19:12), 사울의 아들인 요나단은 다윗과 '여인의 사랑보다 더 하였다(삼하 1:26)'고 할 만큼 깊은 우정을 나누었습니다. 다윗을 적극적으로 변호했던 요나단은 이로 인해 아버지에게 죽임당할 뻔하였지만 그래도 다윗이 도망치도록 도와줍니다(삼상 20장). 이렇게 도망친 다윗은 놉에 있는 제사장 아히멜렉에게로 가서 도움을 청하였고. 다윗은 아히멜렉에게서 여호와 앞에서 물려 낸 거룩한 떡과 자기가 죽인 골리앗의 칼을 받아 떠납니다. 그런데 이 장면을 사울의 목자장이었던 도엑이 목격하게 되었고(삼상 21장), 이후 사울은 도엑을 보내 아히멜렉을 포함한 제사장 85명과 그의 가족들을 진멸합니다. 이때 아히멜렉의 아들 중 혼자 살아남은 아비아달이 도망하여 이 사실을 다윗에게 알립니다(22장).

이후 다윗은 가드왕 아기스에게 잠깐 피하였다가 그곳을 떠나 아둘람 굴로 도망하였는데, 이때 다윗의 형제와 부모가 다윗에게 이르렀고, 또 여러 형편에 놓인 수많은 사람이 다윗에게로 모이게 됩니다. 그리고 가족들을 데리고 함께 도망 다닐 수 없었던 다윗은 모압 왕에게 가서 도움을 요청하고 그곳에서 잠깐의 쉼을 갖습니다. 이때 하나님께서는 선지자 갓을 보내셔서 다윗을 유다 땅으로 돌아오게 하셨고, 다윗은 그의 가족들과, 또 함께한 자들 일부를 모압 땅에 두고 다시 유다 땅으로 돌아오게 됩니다(삼상 23:22). 그런데 왜 하나님께서는 다윗을 안전한 땅 모압에 머물게 하지 않으시고 위험한 유다 땅으로 다시 돌아가게 하셨을까요? 그 이유는 다윗이 이스라엘의 왕이기 때문입니다. 아직 사람들에게 인정받은 왕은 아니었지만, 하나님께서는 사무엘을 통해 다윗에게 기름 부으심으로 이미 이스라엘의 왕으로 세우셨습니다. 그러므로 힘들고 괴롭고 고통스럽더라도 이스라엘의 왕은 이스라엘 땅에 머물러 있어야 했습니다.

유다 땅으로 돌아온 다음, 벌어진 사건이 사무엘상 23장이 말하는 그일라 사건입니다. 사무엘상 23:1절에 보면 '사람들이 다윗에게 전하여 이르되 보소서 블레셋 사람이 그일라를 쳐서 그 타작 마당을 탈취하더이다' 말합니다. 어떻게 보면 블레셋 사람들이 그일라를 친 사건은 다윗에게는 아무런 상관이 없는 일입니다. 하지만 하나님의 사람들에게는 그 어떤 일도 의미 없는 일은 없습니다. 다윗도 이 이야기를 듣고 그냥 흘려버리는 것이 아니라 여호와 하나님께 '내가 가서 이 블레셋 사람들을 치리이까' 여쭈었고, 이에 하나님께서는 '가서 블레셋 사람들을 치고 그일라를 구원하라(삼상 23:2)'고 말씀하십니다. 그런데 여기에 등장하는 '가서'라는 말은 다윗의 입장에서는 '굳이 제가 거기까지 가야만 하는 것입니까?'하는 뉘앙스가 담겨 있습니다.

이 이야기를 듣고 제일 놀란 사람들은 다윗과 함께한 사람들입니다. 사무엘상 23:3절에 보면, '보소서 우리가 유다에 있기도 두렵거든 하물며 그일라에 가서 블레셋 사람들의 군대를 치는 일이리이까' 말합니다. 다윗과 함께한 사람들의 첫 마디는 '보소서!'입니다. 그들의 반응은 '눈이 있으면 지금의 상황을 똑바로 보라'는 것입니다. '사울이 우리를 찾아 죽이려고 혈안이 되어 있는데, 납작 엎드려 숨죽이고 있어도 모자랄 판에 블레셋 군대를 친다는 것이 말이 됩니까?'라고 반응한 것입니다. 이 말이 틀린 말은 아니기에 다윗은 다시 한번 여호와께 묻습니다. 하나님 대답은 '일어나 그일라로 내려가라 내가 블레셋 사람들을 네 손에 넘기리라(삼상 23:4)' 말씀하십니다. 그리고 사무엘상 23:5절에는 '~ 다윗이 이와 같이 그일라 주민을 구원하니라'라고 결과만 간단하게 기록하고 있습니다. 어떻게 싸웠는지 전략은 무엇이었는지는 언급하지 않았습니다. 중요한 것은 다윗이 모든 상황에서 하나님의 말씀대로 순종하였다는 것이기 때문입니다. 다윗의 대장은 하나님이십니다. 다윗의 주인은 하나님이십니다. 다윗이 이스라엘의 왕으로 세워졌지만, 그 다윗을 이스라엘의 왕으로 세우신 분이 바로 하나님이십니다.

이 사건을 통해 우리는 몇 가지 교훈을 얻게 됩니다. 첫째, 하나님께서는 우리에게 '너의 주인은 누구냐?' 물으십니다. 우리의 주인은 하나님이십니다. 하나님께서 우리 삶의 진정한 주인이시라면 우리는 하나님께서 시키시는 대로 가라면 가고 서라면 서야 합니다. 이것이 바로 주인을 대하는 종의 태도입니다. 우리는 하나님의 말씀을 경청해야 합니다. 둘째, 아무것도 할 수 없을 것 같은 순간에도 하나님께서 말씀하시면, 우리는 그 일을 할 수 있게 됩니다. 건강의 문제, 진로의 문제, 재정의 문제, 관계의 문제 등 내 몸 하나 지키기조차 빠듯하다 할지라도 하나님의 말씀을 따르면 누군가를 구원하는 일에 쓰임 받을 수 있습니다.

이제 상황은 2막으로 넘어갑니다. 2막의 시작은, 다윗이 그일라에 온 것을 누군가가 사울에게 알리는 것으로 시작됩니다. 그리고 이 말을 들은 사울은 너무나 기쁜 나머지 '하나님이 그를 내 손에 넘기셨도다(삼상 23:7))'라고 말합니다. 기가 막힌 것은 사울도 하나님을 말하고 있다는 것입니다. 그렇다면, 사울과 다윗의 차이는 무엇일까요? 사울은 하나님께 물어보지 않았습니다. 왜 하나님께 묻지 않았을까요? 사울은 하나님을 자기의 주인으로 모시지 않았기 때문입니다. 사울은 하나님께 묻지도 않고 자기 마음대로 '모든 백성을 군사로 불러모으고 그일라로 내려가서 다윗과 그의 사람들을 에워싸려 하였다(삼상 23:8)'고 기록하고 있습니다.

사울이 내려온다는 이 소문을 다윗이 듣게 됩니다. 다윗은 제사장 아비아달에게 에봇을 가져오게 하고(삼상 23:9), 하나님께 '이스라엘 하나님 여호와여 사울이 나 때문에 이 성읍을 멸하려고 그일라로 내려오기를 꾀한다 함을 주의 종이 분명히 들었나이다(삼상 23:10)' 아룁니다. 사울의 소문을 듣고 다윗이 행한 첫 번째 행동은 하나님께 아뢰는 것이었습니다. 그리고 정말 묻고 싶은 말을 하나님께 여쭙니다. '그일라 사람들이 나를 그의 손에 넘기겠나이까 이스라엘의 하나님 여호와여 원하건대 주의 종에게 일러 주옵소서(삼상 23:11)' 지금 다윗은 마치 하나님께 보채듯 말하는 것 같습니다. 그만큼 다윗의 다급한 마음을 고스란히 느낄 수 있는 대목입니다. 그러자 하나님께서는 '그가 내려오리라(삼상 23:11)' 대답하십니다.

하나님의 대답을 들은 다윗은 다급하게 다시 한번 묻습니다. '그일라 사람들이 나와 내 사람들을 사울의 손에 넘기겠나이까' 그러자 하나님께서는 '그들이 너를 넘기리라' 말씀하십니다(삼상 23:12). 왜 다윗은 여호와 하나님께 거듭 여쭙는 것일까요? 어쩌면 다윗은, 그일라 사람들이 도와주지 않을까? 하는 마음으로 그일라 사람들을 의지하고 싶었는지 모릅니다. 하지만 하나님께서는 분명하게 '그들이 너를 넘기리라' 대답하십니다. 이에 다윗과 그의 사람 육백 명가량이 일어나 그일라를 떠나서 갈 수 있는 곳으로 갑니다. 그리고 또

어떤 사람이 다윗이 떠났다는 소식을 사울에게 전하자 사울은 그일라로 가기를 그칩니다(삼상 23:13).'

이후, '다윗이 광야의 요새에도 있었고 또 십 광야 산골에도 머물렀으므로 사울이 매일 찾되 하나님이 그를 그의 손에 넘기지 아니하시니라(삼상 23:14)' 기록하고 있습니다. 사울은 다윗을 매일 찾았습니다. 다시 말하면, 사울에게는 다윗을 죽이려고 찾는 일이 일상이 되었다는 뜻입니다. 그런데도 다윗은 잡히지 않습니다. 다윗이 잘 숨은 것이 아니라 하나님께서 다윗을 사울의 손에 넘기지 않으셨기 때문입니다.

사랑하는 여러분! 우리는 인생을 살다 보면, 어떤 때는 망할 것 같은, 마치 죽을 것 같은 순간들을 맞이하게 됩니다. 하지만, 꼭 기억하십시오! 하나님께서 우리를 넘기지 않는 한, 우리는 망하지 않습니다. 하나님께서 나를 붙드시는 한, 나는 어떤 경우라도 망할 수 없습니다. 다윗을 넘기지 않으셨던 그 하나님께서 우리를 지키십니다. 바로 그 하나님을 의지하시기를 바랍니다.

우리는 이 사건을 통해서 하나님의 중요한 메시지를 듣습니다. 그일라에서 했던 다윗의 질문을 생각해 보면, 다윗의 마음속에는 어떤 기대감이 있지 않았을까 하는 생각이 듭니다. 첫째는 내가 어렵고 힘든 중에 그일라를 도왔으니 그일라 사람들도 내 편을 들어주지 않을까? 하는 생각입니다. 둘째는 하나님에 대한 기대입니다. 하나님께서 유다로 가라고 해서 유다로 왔고, 그일라를 구원하라고 하셔서 그일라를 구원하였으니, 이것은 혹시 그일라를 근거지로 삼으라는 뜻인가? 아니면 사울을 피해 여기에 있으라는 하나님의 인도하심은 아닐까? 하는 생각을 했을 것 같습니다.

하지만 다윗의 이런 모든 기대는 산산조각이 났고, 그곳은 하나님께서 주신 다윗의 근거지가 아니었습니다. 자기가 목숨 걸고 구원한 그일라 사람들은 자신들의 위기 상황 앞에서 언제든지 다윗을 희생시킬 수 있는 그런 사람들에 불과했습니다.

그렇다면 우리는 근본적인 질문을 하게 됩니다. 하나님께서는 왜 다윗을 그일라로 보내셔서 그일라를 구원하게 하셨을까요? 세 가지 이유가 있습니다.

첫째는 배반당할 줄 알면서도 구원하는 것이 왕의 일이기 때문입니다. 지금 다윗이 하고 있는 일은 오래전부터 이스라엘의 참된 왕이신 하나님께서 해 오셨던 일입니다. 이스라엘 백성들에게 배신당하실 것을 아시면서도 그들에게 자비를 베푸시고 은혜를 베푸시고 먹이시고 입히시고 마실 것을 공급하셨습니다. 그런데도 이스라엘 백성들은 하나님 원망하기를 주저하지 않았고, 우상을 숭배하고, 하나님을 부인했습니다. 그런 이스라엘 백성들을 하나님께서는 구원하셨습니다. 왜냐하면 이스라엘 백성은 하나님의 백성이고 하나님께서는 이스라엘의 왕이셨기 때문입니다.

지금 하나님께서는 장차 하나님의 백성인 이스라엘 족속들을 통치할 다윗을 훈련시키고 계시는 것입니다. 하나님의 심정과 하나님의 마음을 다윗에게 알려주시고 백성을 대하는 왕의 자세를 말씀하고 계시는 것입니다.

사랑하는 여러분, 우리는 하나님 앞에 어떤 사람으로 부름 받았습니까?

'너희는 택하신 족속이요 왕 같은 제사장들이요 거룩한 나라요 그의 소유가 된 백성이니~(벧전 2:9) 하나님께서는 우리를 왕으로 부르셨기에 우리가 왕다운 마음을 갖도록 교육하고 계십니다. 내가 은혜를 베풀어도 나를 배반할 수 있는 사람들을 구원해 내는 것이 바로 왕의 일입니다.

둘째, 하나님의 거룩하심 때문입니다. 우리는 민수기 20장에 기록된 므리바 물 사건을 통해 하나님의 거룩하심을 생각해 보았습니다. 하나님의 거룩하심이란 무엇입니까? 하나님은 사람과 다르다는 뜻입니다. 하나님께서는 배신하지 않으시고, 사람들을 긍휼히 여기시는 분이십니다. 사람은 자기의 이익에 따라 움직이지만, 하나님을 움직이는 동기는 '거룩'입니다. 우리는 은혜받았을 때는 땅끝까지라도 가겠다고 고백합니다. 진심이기도 합니다. 하지만 그 진심이 오래가지 못합니다. 조금만 어려운 일이 생기면, 우리의 마음은 변하기 쉽습니다. 그런데 하나님께서는 이런 우리의 부족함에도 불구하고 우리를 다르게 대우하십니다. 우리가 배반할 줄 아시면서도 우리에게 은혜를 베푸십니다.

셋째, 하나님의 이런 마음이 예수 그리스도를 통해 완전하게 드러납니다. 예수님께서는 십자가에서 자기의 목숨을 내어주기까지 참된 거룩이란 무엇인가, 진정한 거룩이란 무엇인가를 보여주셨습니다. 그 십자가 정신의 가장 아름다운 말이 '원수를 사랑하라!'입니다. 예수님께서 자기의 원수들을 구원하시기 위해 그들을 대신해서 피 흘려 주신 곳이 바로 십자가입니다. 이것이 바로 우리를 향한, 나를 향한 예수님의 마음입니다.

예수님께서는 '너희의 원수를 사랑하며 너희를 박해하는 자를 위해 기도하라, 너희가 너희를 사랑하는 자를 사랑하면 무슨 상이 있으리요, 너희가 너희 형제에게만 문안하면 남보다 더한 것이 무엇이냐 그러므로 하늘에 계신 너희 아버지의 온전하심같이 너희도 온전하라 (마 5:43-48)' 말씀하십니다. 예수님께서는 우리를 향해 이보다 더 높은 수준의 사람이 되어야 한다고 말씀하시는 것입니다.

이것이 본문의 주제입니다. 하나님은 우리를 이 자리로 부르십니다.

똑똑함을 넘어 거룩함으로 나아가라! 이것을 우리에게 요구하십니다. '모르면 호구되는 인생의 진리'라는 글을 읽다가 공감한 적이 있습니다. '사람은 고쳐 쓰는 것 아니다, 모든 사람이 나를 좋아하지는 않는다, 주는 만큼 못 받는다, 돈이 얽힌 일에서 그 사람의 진짜 모습을 볼 수 있다, 약점을 먼저 말하지 말아라, 눈치는 어느 정도 없는 척하는 것이 편하다, 사람과의 관계에서 큰 기대는 금물이다.' 우리가 이러한 말에 공감하는 이유는 이런 일들을 통해 손해 보지 않는 법을 배우기 때문입니다. 이렇게 살아가는 사람들을 세상에서는 똑똑하다고 말합니다. 하지만 하나님께서는 다윗을 향해 '똑똑함을 넘어 거룩함으로 나아가라! 세상의 이치를 따르지 말아라, 하나님의 마음은 사람의 마음과 다르다! 왕으로서 그 백성을 존중하며 배반하는 백성이라도 그들을 구원하는 것이 왕의 심정이다. 그러니 너는 왕으로 살아라!' 말씀하십니다.

설교 말씀을 준비하면서 하나님께서 원하시는 뜻이 무엇인지 깨닫게 되어 기쁘면서도 마음이 썩 좋지는 않았습니다. '하나님, 저는 이렇게는 살고 싶지 않습니다. 저는 똑똑하게 살고 싶기도 하고, 손해 보며 살기는 싫습니다!' 이런 마음이 있었던 것 같습니다. 하지만, 하나님께서는 '크고 광대하시고 거룩하신 하나님을 보라! 너를 백성으로 삼으시고 왕으로서 너를 다스리시는 그 하나님을 보라!' 도전하셨습니다.

우리의 믿음은 하나님을 바라보는 데 있습니다. 나의 실력, 나의 형편, 나의 수준이 아니라 우리가 거룩한 백성으로, 왕답게 살 수 있는 유일한 방법은 하나님을 바라보는 것입니다. 내게 은혜를 베푸시는 그 하나님을 바라보는 것입니다.

다윗에게 말씀하신 하나님께서 이 말씀을 통해 우리에게 말씀하십니다. '똑똑함을 넘어 거룩함으로 나아가라!'

Writing Jesus · Reading Jesus · **Sharing Jesus** · Praying Jesus

❶ 나는 하나님께 묻고 그분의 인도하심에 순종하는 삶을 살고 있는가?

다윗은 반복해서 하나님께 묻고, 하나님의 응답에 즉각적으로 순종합니다.

 내 결정의 기준은 하나님의 뜻인가, 내 생각과 감정인가? 하나님의 음성 앞에서 나는 어떤 태도로 반응하고 있는가?

❷ 사람들의 배신이나 실망 앞에서, 나는 여전히 하나님을 신뢰하며 사랑으로 행하고 있는가?

그일라 사람들은 다윗의 도움을 받고도 그를 배신할 준비를 합니다. 그러나 다윗은 이를 알면서도 하나님의 뜻대로 그들을 위해 싸웠습니다.

 사랑받지 못하거나 배신당할 것을 알면서도, 나는 여전히 하나님께 순종하며 누군가를 섬기고 있는가?

Writing Jesus · Reading Jesus · **Sharing Jesus** · Praying Jesus

❸ 광야와 같은 인생의 시간 속에서, 나는 하나님의 보호하심을 신뢰하며 내 자리를 지키고 있는가?

다윗은 그일라를 떠나 광야로 도망치지만, 그곳에서조차 하나님의 보호하심을 경험합니다.

나는 지금 광야 같은 시간을 지나고 있는가? 그 안에서 하나님의 임재와 보호하심을 신뢰하고 있는가, 아니면 불안과 두려움에 휘둘리고 있는가?

하나님께서는 똑똑하게 살라고 교회를 세우신 것이 아니라 거룩하게 살라고 교회를 세우셨습니다. 우리는 한 번에 거룩해질 수 없는 존재들입니다. 하지만 설령 그렇다고 할지라도 우리가 하루하루 살아가면서 한 걸음만이라도 똑똑함을 넘어 거룩함으로 발걸음을 옮길 수 있다면 우리는 그만큼 주님을 닮아가는 사람이 될 것입니다. 우리 모두 이런 하나님의 성품을 닮아가기를 원합니다.

거룩하시고 자비로우신 하나님 아버지!
주님께서 우리를 왕 같은 제사장으로 부르셨음을 기억합니다.
하지만 주님, 저는 똑똑하게 살고 싶고,
손해 보며 살고 싶지 않은 마음이 여전히 있습니다.
그러나 예수님께서 저를 위해 십자가에서
원수까지도 사랑하신 것처럼, 저도 세상의 이치를 넘어
주님의 거룩하심을 따라 살게 하옵소서.
똑똑함을 넘어 거룩함으로,
나를 위해 살지 않고 주님을 위해 살게 하옵소서.
예수 그리스도의 이름으로 기도드립니다. 아멘!

Writing Jesus · Reading Jesus · Sharing Jesus · **Praying Jesus**

11

Writing Jesus · Reading Jesus · Sharing Jesus · Praying Jesus

아라우나 타작 마당에서 드린 화목제

사무엘하 24:18-25

¹⁸ 이 날에 갓이 다윗에게 이르러 그에게 아뢰되 올라가서 여부스 사람 아라우나의 타작 마당에서 여호와를 위하여 제단을 쌓으소서 하매 ¹⁹ 다윗이 여호와께서 명령하신 바 갓의 말대로 올라가니라 ²⁰ 아라우나가 바라보다가 왕과 그의 부하들이 자기를 향하여 건너옴을 보고 나가서 왕 앞에서 얼굴을 땅에 대고 절하며 ²¹ 이르되 어찌하여 내 주 왕께서 종에게 임하시나이까 하니 다윗이 이르되 네게서 타작 마당을 사서 여호와께 제단을 쌓아 백성에게 내리는 재앙을 그치게 하려 함이라 하는지라 ²² 아라우나가 다윗에게 아뢰되 원하건대 내 주 왕은 좋게 여기시는 대로 취하여 드리소서 번제에 대하여는 소가 있고 땔 나무에 대하여는 마당질 하는 도구와 소의 멍에가 있나이다 ²³ 왕이여 아라우나가 이것을 다 왕께 드리나이다 하고 또 왕께 아뢰되 왕의 하나님 여호와께서 왕을 기쁘게 받으시기를 원하나이다 ²⁴ 왕이 아라우나에게 이르되 그렇지 아니하다 내가 값을 주고 네게서 사리라 값 없이는 내 하나님 여호와께 번제를 드리지 아니하리라 하고 다윗이 은 오십 세겔로 타작 마당과 소를 사고 ²⁵ 그 곳에서 여호와를 위하여 제단을 쌓고 번제와 화목제를 드렸더니 이에 여호와께서 그 땅을 위한 기도를 들으시매 이스라엘에게 내리는 재앙이 그쳤더라

¹⁸ On that day Gad went to David and said to him, 'Go up and build an altar to the LORD on the threshing floor of Araunah the Jebusite.' ¹⁹ So David went

Writing Jesus · Reading Jesus · Sharing Jesus · Praying Jesus

Writing Jesus · Reading Jesus · Sharing Jesus · Praying Jesus

up, as the LORD had commanded through Gad. ²⁰ When Araunah looked and saw the king and his men coming toward him, he went out and bowed down before the king with his face to the ground. ²¹ Araunah said, 'Why has my lord the king come to his servant?' 'To buy your threshing floor,' David answered, 'so I can build an altar to the LORD, that the plague on the people may be stopped.'

²² Araunah said to David, 'Let my lord the king take whatever pleases him and offer it up. Here are oxen for the burnt offering, and here are threshing sledges and ox yokes for the wood. ²³ O king, Araunah gives all this to the king.' Araunah also said to him, 'May the LORD your God accept you.' ²⁴ But the king replied to Araunah, 'No, I insist on paying you for it. I will not sacrifice to the LORD my God burnt offerings that cost me nothing.' So David bought the threshing floor and the oxen and paid fifty shekels of silver for them. ²⁵David built an altar to the LORD there and sacrificed burnt offerings and fellowship offerings. Then the LORD answered prayer in behalf of the land, and the plague on Israel was stopped.

Writing Jesus · Reading Jesus · Sharing Jesus · Praying Jesus

Writing Jesus · **Reading Jesus** · Sharing Jesus · Praying Jesus

아라우나 타작 마당에서 드린 화목제

    본문 사무엘하 24장에 나오는 다윗의 인구 조사 사건은 우리가 잘 알고 있는 내용입니다. 이 일로 하나님께서는 3일 동안 7만 명이나 되는 이스라엘 백성들을 진멸하십니다. 이 일의 원인은 '여호와께서 다시 이스라엘을 향하여 진노하사 그들을 치시려고 다윗을 격동시키사~(삼하 24:1)'라고 기록하고 있는데, 지금 하나님의 진노는 다윗을 향한 것이 아니라 이스라엘 백성을 향한 것임을 알 수 있습니다. 그런데 1절에서 다윗을 격동시키시는 하나님의 모습을 볼 때, 하나님은 참 종잡을 수 없으신 분 같고 마치 분란을 일으키시는 분처럼 느껴지기도 합니다. 우리가 그렇게 생각하는 이유 중 하나는 왜 이스라엘 백성들을 향해 진노하셨는지 그 이유가 명확하게 나와 있지 않기 때문이기도 합니다. 하지만 24장의 내용을 살펴보면, 하나님께서 이스라엘 백성들을 심판해 나가시는 과정에서 다윗뿐만 아니라 이스라엘 나라 전체가 교만에 빠져 있었음을 우리는 느낄 수 있습니다.

    이스라엘은 노예의 신분에서 하나님의 인도하심을 따라 애굽에서 나와 긴 광야 생활을 거쳤고 마침내 가나안 땅에 들어가 일부 땅을 점령하기는 했으나, 하나님을 향한 교만함과 원망과 불평, 불만이 마음속 깊이 자리 잡은 종족입니다. 앞서 사사기를 읽으면서도 보아왔지만, 죄짓고 회개하기를 무려 일곱 번이나 반복하는 패턴을 보였고, 심지어 베냐민 지파는 씨가 마르는 상황까지 갑니다. 정말 명맥만 겨우 유지할 것 같았던 이스라엘은 다윗이 왕이 되면서 일대 전환기를 맞이합니다.

세계사에서 다윗을 The Great King David이라고 부를 만큼, 그의 재위 기간에 이스라엘은 하나님께서 약속하신 모든 가나안 땅을 점령하였을 뿐만 아니라 그 주변 나라들을 다 복속시켜 조공까지 받았습니다. 우리는 이스라엘이 솔로몬 왕 때 가장 부유했던 것으로 알고 있지만, 다윗 시대는 솔로몬 왕 때보다 더 많은 부를 축적하였고, 막강한 통치력으로 주변 나라들을 굴복시킴으로써 정복 시대를 이끌었습니다. 이처럼 부강해진 이스라엘은 어떤 마음을 가지게 되었을까요? 막강한 힘과 부를 가진 다윗과 이스라엘은 그들이 누릴 수 있었던 풍요로움과 권력으로 한없이 우쭐해졌고, 굳이 하나님의 도우심이 없어도 얼마든지 잘 살 수 있을 것이라는 자만심에 빠졌으며 결국 그것이 하나님의 심판을 부르는 방아쇠가 되고 맙니다.

우리가 가지고 있는 여러 성품 중에서는 평소에는 잘 드러나지 않다가 특정한 상황일 때 비로소 발현되는 것도 있습니다. 다윗이 그랬던 것 같습니다. 우리가 성경을 통해 알고 있는 다윗은 믿음 좋고 하나님을 경외하는 사람, 원수를 용서할 줄 아는 사람으로 생각하다 보니, 그의 마음속에는 부정적인 것이 그리 많지는 않을 것같습니다. 하지만 상황이 주어지지 않았을 뿐, 다윗의 마음에도 그의 마음을 확 사로잡는 충동적인 욕구가 분명히 있었습니다. 성경에서는 이러한 마음 상태를 '격동'이라고 표현하고 있습니다. 밧세바의 사건에서도 다윗의 마음은 한순간에 격동하고 말았습니다.

본문 24장의 '인구 조사' 사건에서도 다윗의 마음은 격동하였습니다. 인구 조사 자체가 심각한 문제는 아닙니다. 모세도 민수기에서 두 번이나 인구 조사를 실시하였습니다. 다만 그 차이점은 하나님께서 지시하신 일인가, 아닌가에 있습니다. 다윗은 주변에서 만류하는데도 인구 조사를 강행하였습니다. 다윗이 마음의 격동과 함께 또 한가지 고려해야 할 것은 '속전'에 관한 것입니다.

출애굽기 30:12-16절에 보면, 이스라엘 자손의 수효를 계수할 때, 조사받은 각 사람은 자기 생명의 속전을 여호와께 드리고, 속전은 성소의 세겔로 반 세겔로 스무 살 이상 된 자가 여호와께 드리는데, 부자라고 반 세겔에서 더 내거나 가난한 자라고 덜 내지 말라고 기록하고 있습니다. 이처럼 인구 조사에서 속전을 내는 이유는 첫째, 부자나 가난한 자나 그 생명 값은 똑같다는 뜻이고 둘째, 이 모든 생명은 하나님께로 말미암았다는 뜻입니다. 그래서 감사의 뜻으로 예물을 드리도록 규정하고 있습니다. 그런데 다윗의 인구 조사에서는 속전에 관한 내용이 없습니다. 이는 하나님을 향한 겸손이 없다는 뜻이며, 자신의 힘이 얼마나 스스로 막강한지를 확인하고자 하는 다윗의 자만심에서 인구 조사가 이루어진 것임을 뜻합니다.

다윗은 군사령관 요압에게 단에서 브엘세바까지 모든 인구를 조사하여 보고하라고 명령합니다(삼하 24:2). 우리는 이 대목에서 예전과 다른 다윗의 모습을 발견하게 됩니다. 다윗은 점점 숫자에 집중하기 시작하였고, 숫자를 통해 현실을 바라보기 시작했다는 것입니다. 그리고 인구 조사 결과, 이스라엘에서 칼을 빼는 담대한 자가 팔십만 명, 유다 사람이 오십만 명(삼하 24:9)으로 집

계되었습니다. 그래서 성경학자들은 당시 인구를 약 500만 명 정도로 추산하고 있습니다. 인구 조사는 9개월 20일 동안 진행되었고, 중간에 얼마든지 중지시킬 수 있었음에도 계속 강행하였습니다. 그런데 이 보고를 받은 다음, 무슨 이유에서인지 다윗은 자책하며 '내가 이 일을 행함으로 큰 죄를 범하였나이다 여호와여 이제 간구하옵나니 종의 죄를 사하여 주옵소서 내가 심히 미련하게 행하였나이다(삼하 24:10)' 회개 기도를 합니다.

우리가 지난 수요예배에서 밧세바 사건의 말씀을 나누었을 때, 하나님께서는 다윗을 향하여 간음이나 살인에 대해 지적하신 것이 아니라 '어찌하여 네가 여호와의 말씀을 업신여기고 나 보기에 악을 행하였느냐(삼하 12:9)' 말씀하시며 하나님을 업신여기는 다윗의 태도를 지적하셨음을 살펴보았습니다. 인구 조사를 마친 다윗은 어느 순간, 자신이 하나님을 업신여겼다는 사실을 깨달았습니다. 그리고 회개의 기도를 드립니다. 하나님께서는 밧세바 사건 때 보내셨던 나단 선지자가 아니라 갓 선지자를 보내십니다. 갓 선지자는 다윗이 사울을 피해 아둘람 굴로 도망하였다가 모압 요새에 잠시 머물러 있는 동안, 다윗에게 다시 유다 땅으로 들어가라(삼상 22:5)는 하나님의 뜻을 전했던 사람입니다. 왜 갓을 보내셨을까요? 어느 사이엔가 다윗이 잃어버린 하나님을 향한 순전한 마음을 다시 회복하라는 것입니다. 하루하루 목숨을 연명하는 것만으로도 감사했던 다윗, 하나님을 찾고 또 찾으며 간절하게 구했던 그 시절의 다윗에게 하나님의 뜻을 전했던 갓 선지자를 하나님께서는 지금 의도적으로 다시 보내신 것입니다.

'다윗아, 네가 아무것도 아니었던 시절을 기억하라! 너의 목숨조차도 네 것이라고 주장할 수 없었던 그때를 기억하라! 밤낮으로 나를 찾으며, 기쁨과 온전함으로 나를 사랑했던 그때를 기억하라! 나의 존재만으로 너에게 충분했던 그때를 기억하라! 그 마음을 회복하라!'

다윗에게는 갓 선지자 자체가 메시지였던 것입니다. 갓 선지자는 세 가지의 선택권을 다윗에게 제시하였고, 다윗은 사흘 동안의 전염병을 택하면서, 그 이유를 '여호와께서는 긍휼이 크시니 우리가 여호와의 손에 빠지고 내가 사람의 손에 빠지지 아니하기를 원하노라(삼하 24:14)'라고 말합니다. 이에 사흘 동안 하나님의 엄중한 심판이 이스라엘 전역에 임하였고 단에서부터 브엘세바까지 칠만 명이 죽게 됩니다(삼하 24:15). 사흘 동안 칠만 명이 죽었다면, 500만 명이 다 죽기까지는 200일 정도면 끝낼 수 있다는 뜻입니다. 이스라엘의 자부심이었던 그 힘이 1년이 못 되어 바람 앞에 먼지처럼 날아가 버릴 수 있음을 하나님께서는 다윗에게 보여주셨던 것입니다. 그리고 그 일을 통해 다윗은 본래 원래 다윗의 자리로 돌아옵니다. 밧세바 사건을 통해 사울의 자리로 갔던 다윗을 다시 다윗의 자리로 돌려놓으신 것처럼, 이번에도 하나님께서는 인구 조사 사건을 통해, 다윗을 원래 다윗의 자리로, 하나님 앞으로 돌아오게 하셨습니다.

본문 24장의 문맥을 살펴보면, 전염병 심판 앞뒤로 다윗이 기도하는 장면이 등장합니다. 그 기도를 통해, 자기의 힘을 믿고 과시했던 다윗이 '내가 지금 하나님을 상대하고 있구나' 하는 것을 깨닫습니다. 전염병 앞의 기도는 '회개의 기도(삼하 24:10)'이고, 전염병 뒤의 기도는 '중보 기도(삼하 24:17)'입니다. 다윗은 자신의 죄로 인해 이스라엘 백성들이 고난당하고 있다는 생각으로 중보하고 있습니다. 그러나 이 모든 일은 다윗뿐만이아니라 이스라엘 백성으로 말미암은 일이기도 합니다. 그런데도 다윗은 자신이 하나님의 심판에 방아쇠 역할을 한 것을 인정하고 자신의 죄를 회개하고 이스라엘 백성을 위해 중보하고 있습니다.

우리는 여기서 성숙한 성도의 모습을 발견합니다. 우리는 어떤 사건이 벌어졌을 때 자기 잘못을 인정하는 사람들의 모습을 찾아보기 힘듭니다. 그러나 다윗은 '나는 범죄하였고 악을 행하였거니와 이 양 무리는 무엇을 행하였나이까 청하건대 주의 손으로 나와 내 아버지의 집을 치소서!(삼하24:17)' 기도합니다. 이 모습이 원래 다윗의 모습이었고 예수 그리스도의 마음입니다. 그리고 예수의 영으로 충만한 사람들이 보여주는 하나님 앞에서의 모습입니다.

여기서 우리는 다윗의 바뀐 언어를 발견할 수 있습니다. 그는 숫자에 집착하며 이스라엘 백성을 오십만 명, 팔십만 명으로 세고 있었으나, 하나님의 심판 이후에는 이스라엘 백성을 '양 무리'로 표현하고 있습니다. 숫자로만 취급하던 이스라엘 백성을 이제는 자기가 돌보아야 할 양 떼로 보고 있는 것입니다. 그의 눈이 열려 제대로 볼 수 있는 자리로 돌아온 것입니다.

성경에서는 다윗이 어떻게 자기의 잘못을 회개하게 되었는지 기록하고 있지는 않지만, 그가 자기의 잘못을 깨닫고 행한 첫째 행동은 '기도'였습니다. 다윗은 자신을 방어하지 않았고 백성들에게 책임을 돌리지도 않습니다. 그리고 더는 힘의 상징인 숫자에 연연하지 않습니다. 다윗은 오직 하나님과 상대하고 있습니다.

유진 피터슨 목사님은 이러한 다윗의 모습을 이렇게 표현합니다.
"다윗이 항상 하나님께 순종한 것은 아니다. 그러나 그는 항상 하나님과 교제한다. 다윗이 항상 하나님의 뜻에 민감한 것은 아니었다. 그러나 그는 언제나 하나님께 호소함으로써 그 일을 마무리했다. 다윗이 항상 믿음으로 산 것은 아니다. 그러나 그는 문제에 직면하면 언제나 기도했다."

다윗이 제자리로 돌아왔을 때, 갓 선지자는 다윗을 여부스 사람 아라우나의 타작 마당으로 보내어 여호와를 위하여 제단을 쌓게 합니다(삼하 24:18). 그런데 왜 타작 마당으로 보내셨을까요? 이곳은 장차 솔로몬 성전의 기초가 될 곳입니다. 중요한 것은 타작 마당은 알곡과 가라지를 거르는 곳입니다. 믿음의 알곡과 가라지가 걸러지고 있습니다.

다윗을 맞이한 아라우나는 모든 것을 다윗에게 내어주겠다고 하지만, 다윗은 반드시 값을 지불하고 타작 마당을 매입하겠다고 합니다. 그 이유가 무엇일까요?

우리는 중요한 고비가 있을 때 이렇게 기도하지는 않습니까? '하나님, 이 일 잘되면 그 결과 얼마를 하나님께 드리겠습니다!' 잘 생각해 보면 하나님이 주신 것으로 하나님께 드리겠다고 기도하는 것입니다. 나의 온전함으로 하나님께 드리는 것이 아니라 하나님께서 나에게 주시면 내가 그것의 일부를 하나님께 드리겠다고 하는 태도가 왜 문제인지를 다윗은 이야기하는 것입니다. 그래서 다윗은 온전한 희생 없이는 하나님 앞에 나아가지 않겠다고 말합니다. 내가 지불해야 할 값을 지불하겠다는 것입니다. 그리고 다윗이 그곳에서 번제와 화목제를 드리는 것으로 사무엘하 24장은 끝납니다.

다윗은 재물도 있는 사람이었고 능력도 있는 사람이었습니다. 하지만 하나님께서 다윗이 드릴 수 있는 화려한 성전을 받지 않으시고 다윗의 통곡과 눈물과 애절함을 제물로 받으셨습니다. 하나님께서 기뻐하시는 것은 하나님을 사랑하고 하나님 한 분으로 만족하고 그 하나님으로 충분했던 다윗의 마음이었습니다. 은혜 없는 저는 아무것도 아닙니다! 하나님의 은혜가 저의 전부입니다! 다윗은 자신의 오만의 껍데기를 벗기시고 믿음의 알곡으로 만들어주신 그 타작 마당의 제단을 붙잡고 하나님 앞에 나아갑니다. 진정한 성전의 기초는 무엇입니까? 진정한 성전의 기초는 하나님의 은혜로 용서받은 것입니다. 다윗이 하나님을 위해 이룬 것이 아니라 하나님께서 다윗을 위해 이루어 주신 것입니다. 그의 기도를 들으시고 백성들에게 자비를 베풀어 은혜를 주신 것입니다. 이것이 성전의 기초입니다.

사무엘서는 참 멋진 성경입니다. 사무엘서는 한나의 간곡한 기도에 하나님의 자비로운 응답으로 시작하고, 다윗의 간절한 기도에 하나님의 은혜로운 응답으로 끝을 맺고 있습니다.

이 말씀을 통해 우리는 하나님이 어떤 분이신지 깨닫게 됩니다. 나를 부르신 하나님, 내가 믿는 하나님은 어떤 분이십니까? 우리가 간절히 주님 앞에 나아갈 때 응답하시는 하나님이십니다. 하나님은 어떤 분이십니까? 진실하고 겸손함으로 하나님과 동행하는 사람을 기뻐하시는 하나님이십니다. 하나님은 어떤 분이십니까? 자기의 잘못을 깨닫고 하나님을 찾는 자를 외면하지 않으시고, 하나님을 업신여겼다 할지라도 그가 돌이켜 하나님을 찾을 때 그 심령을 붙들어 주시는 분이십니다. 마지막으로 기억합시다! 우리가 믿는 하나님은 어떤 분이십니까? 긍휼과 자비가 크신 분이시고 은혜가 풍성하신 그분이 나를 부르신 바로 그 하나님이십니다. 아멘!

Writing Jesus · Reading Jesus · **Sharing Jesus** · Praying Jesus

❶ 나는 하나님의 진노 앞에서 변명보다 회개와 예배로 반응하고 있는가?

다윗은 인구 조사라는 죄로 인해 심판을 받았지만, 그 가운데 하나님께 엎드려 회개하고 제단을 쌓아 진노를 멈추게 했습니다.

 나는 실수나 죄 가운데서 핑계나 자기합리화 대신, 하나님 앞에 나아가 회개하고 있는가? 내 삶의 위기 가운데 예배의 자리를 회복하고 있는가?

❷ 나는 하나님께 드리는 예배와 헌신이 '값없는 것'이 되지 않도록 하고 있는가?

다윗은 아라우나가 땅과 제물들을 거저 드리려 할 때, "값을 치르겠다"고 말하며, 헌신에는 반드시 대가가 있어야 함을 고백합니다.

 나는 예배와 섬김, 헌신에 있어 하나님께 드리는 것의 가치를 깊이 인식하고 있는가? 값없이 형식만 남은 신앙이 되지 않도록 주의하고 있는가?

Writing Jesus · Reading Jesus · **Sharing Jesus** · Praying Jesus

❸ 나는 나의 삶의 자리, 곧 타작마당이 제단이 되도록 살아가고 있는가?
아라우나의 평범한 타작마당이 예배의 제단이 되는 장면은, 우리가 있는 일상의 자리가 하나님을 만나는 거룩한 장소가 될 수 있음을 보여줍니다.

 나는 지금의 삶의 자리에서 하나님을 예배하고 있는가? 내 일상 속에서 하나님께 드리는 제단이 세워지고 있는가?

사랑하는 여러분! 우리 하나님은 은혜로 충만하신 분이십니다. 우리가 그 하나님을 붙잡고 나를 증명하고 나를 드러내는 것이 아니라 그 하나님 앞에 눈물로 제단을 쌓음으로 그 좋으신 하나님을 기뻐하고 즐거워하며 그 하나님으로 풍성해지는, 그래서 우리가 있어야 할 자리에 제대로 돌아와서 그 하나님을 경외하는 저와 여러분이 되기를 소망합니다.

자비롭고 은혜로우신 하나님 아버지!
제 안에도 다윗처럼 교만과 자만이 숨어 있음을 봅니다.
숫자와 성취로 자신을 세우려 했던 마음을 내려놓고,
하나님 한 분만으로 만족하는 심령이 되게 하옵소서.
값없는 예배를 드리지 않게 하시고,
온전한 희생과 진실한 마음으로 주님께 나아가게 하옵소서.
성전의 기초가 하나님의 은혜로 용서받은 데 있음을 기억하며,
주님이 주신 긍휼과 자비를 붙잡고 살아가게 하옵소서.
예수 그리스도의 이름으로 기도드립니다. 아멘!

Writing Jesus · Reading Jesus · Sharing Jesus · **Praying Jesus**

12 솔로몬 왕의 타락

Writing Jesus · Reading Jesus · Sharing Jesus · Praying Jesus

열왕기상 11:1-13

1 솔로몬 왕이 바로의 딸 외에 이방의 많은 여인을 사랑하였으니 곧 모압과 암몬과 에돔과 시돈과 헷 여인이라 2 여호와께서 일찍이 이 여러 백성에 대하여 이스라엘 자손에게 말씀하시기를 너희는 그들과 서로 통혼하지 말며 그들도 너희와 서로 통혼하게 하지 말라 그들이 반드시 너희의 마음을 돌려 그들의 신들을 따르게 하리라 하셨으나 솔로몬이 그들을 사랑하였더라 3 왕은 후궁이 칠백 명이요 첩이 삼백 명이라 그의 여인들이 왕의 마음을 돌아서게 하였더라 4 솔로몬의 나이가 많을 때에 그의 여인들이 그의 마음을 돌려 다른 신들을 따르게 하였으므로 왕의 마음이 그의 아버지 다윗의 마음과 같지 아니하여 그의 하나님 여호와 앞에 온전하지 못하였으니 -중략- 9 솔로몬이 마음을 돌려 이스라엘의 하나님 여호와를 떠나므로 여호와께서 그에게 진노하시니라 여호와께서 일찍이 두 번이나 그에게 나타나시고 10 이 일에 대하여 명령하사 다른 신을 따르지 말라 하셨으나 그가 여호와의 명령을 지키지 않았으므로 11 여호와께서 솔로몬에게 말씀하시되 네게 이러한 일이 있었고 또 네가 내 언약과 내가 네게 명령한 법도를 지키지 아니하였으니 내가 반드시 이 나라를 네게서 빼앗아 네 신하에게 주리라 12 그러나 네 아버지 다윗을 위하여 네 세대에는 이 일을 행하지 아니하고 네 아들의 손에서 빼앗으려니와 13 오직 내가 이 나라를 다 빼앗지 아니하고 내 종 다윗과 내가 택한 예루살렘을 위하여 한 지파를 네 아들에게 주리라 하셨더라

Writing Jesus · Reading Jesus · Sharing Jesus · Praying Jesus

12
Writing Jesus · Reading Jesus · Sharing Jesus · Praying Jesus

¹ King Solomon, however, loved many foreign women besides Pharaoh's daughter—Moabites, Ammonites, Edomites, Sidonians and Hittites. ² They were from nations about which the LORD had told the Israelites, 'You must not intermarry with them, because they will surely turn your hearts after their gods.' Nevertheless, Solomon held fast to them in love. ³ He had seven hundred wives of royal birth and three hundred concubines, and his wives led him astray. ⁴ As Solomon grew old, his wives turned his heart after other gods, and his heart was not fully devoted to the LORD his God, as the heart of David his father had been. (······) ⁹ The LORD became angry with Solomon because his heart had turned away from the LORD, the God of Israel, who had appeared to him twice. ¹⁰ Although he had forbidden Solomon to follow other gods, Solomon did not keep the LORD's command. ¹¹ So the LORD said to Solomon, 'Since this is your attitude and you have not kept my covenant and my decrees, which I commanded you, I will most certainly tear the kingdom away from you and give it to one of your subordinates. ¹² Nevertheless, for the sake of David your father, I will not do it during your lifetime. I will tear it out of the hand of your son. ¹³ Yet I will not tear the whole kingdom from him, but will give him one tribe for the sake of David my servant and for the sake of Jerusalem, which I have chosen.'

Writing Jesus · Reading Jesus · Sharing Jesus · Praying Jesus

Writing Jesus · **Reading Jesus** · Sharing Jesus · Praying Jesus

솔로몬 왕의 타락

초기 이스라엘 왕조를 대표하는 3명의 왕은 초대 왕 사울, 2대 왕 다윗, 그리고 3대 왕 솔로몬입니다. 성경에 나타난 이들의 캐릭터는 서로 다르지만, 이들을 하나로 묶어 생각해 볼 수 있는 주제는 '들음'이라고 할 수 있습니다. 초대 왕 사울은 듣지 않는 왕이었고, 2대 왕 다윗은 잘 듣는 왕이었고, 3대 왕 솔로몬은 들으려고는 했었던 왕이었습니다. 그런데 이 '들음'은 결국 사랑과 연결되어 있습니다. 그래서 '잘 듣는다'는 것은 '사랑한다는 것'이고, '잘 듣지 않는다'는 것은 '사랑하지 않는다'는 것이고, '들으려고는 했었다'는 것은 '사랑해 보려고 노력은 했었다'는 것으로 이해할 수 있습니다.

본문을 통해 솔로몬 왕의 모습을 보면서 하나님을 사랑한다는 것이 어떻게 약점이 되고, 또 어떻게 강점이 될 수 있는가를 살펴보려고 합니다.

열왕기상 11:1절에 보면, '솔로몬 왕이 바로의 딸 외에 이방의 많은 여인을 사랑하였으니 곧 모압과 암몬과 에돔과 시돈과 헷 여인이라'고 기록되어 있습니다. 솔로몬은 사랑이 많은 사람이었습니다. 그래서 성경적이라고도 할 수 있을까요? 열왕기상 11:2절에 보면, 하나님께서는 일찍이 이방 사람들과 서로 통혼하지 말라고 하셨는데 그 이유는 '그들이 반드시 너희의 마음을 돌려 그들의 신들을 따르게 할 것'이기 때문이었습니다. 그러나 솔로몬은 이방여인들을 사랑하였습니다. '솔로몬이 그들을 사랑하였더라'라는 말 속에는 중요한 뜻이 담겨 있는데, 성경에서 '사랑'이라는 말은 굉장히 심오한 말로, 솔로몬이 단순히 외교적, 정치적 수단으로 이스라엘 주변국들과 혼인 관계를 맺었다는 것이 아니라 진심으로 그들을 사랑했고 진심으로 그들을 마음에 품었다는 뜻입니다.

사람은 주변 사람과 환경으로부터 영향을 받을 수밖에 없고, 자신이 사랑하는 것에 지배를 받는 존재입니다. 그러므로 '솔로몬이 그들을 사랑하였다'라는 말은 '그들이 솔로몬을 지배했다'라는 말로 바꿀 수 있습니다. 솔로몬은 그가 사랑했던 이방여인들에게 어떻게 지배를 당했을까요?

열왕기상 11:3-8절에 보면, '왕은 후궁이 칠백 명, 첩이 삼백 명이며 그 여인들이 왕의 마음을 돌아서게 하여 다른 신들을 따르게 하였으므로 왕의 마음이 그의 아버지 다윗의 마음과 같이 아니하여 그의 하나님 여호와 앞에 온전하지 못하였고, 여호와의 눈앞에서 악을 행하여 산당을 지어 그의 이방 여인들이 자기의 신들에게 분향하였다'라고 기록하고 있습니다. 예루살렘 성전을 지었던 솔로몬이었지만, 이스라엘 역사를 통틀어 이방 신전을 가장 많이 지었던 사람도 솔로몬이었습니다. 이것이 우리에게 심각한 경고가 되는 것은 솔로몬이 결코 어리숙하거나 평범한 사람이 아니기 때문입니다.

열왕기상 3:11-12절에 보면, 하나님께서는 솔로몬에게 지혜롭고 총명한 마음을 주셨는데 솔로몬 앞에도, 솔로몬 뒤에도 그와 같은 자가 일어남이 없었다고 합니다. 인류 역사상 가장 지혜로운 사람이었고 그의 분별력과 총명함이 전무후무했다는 뜻입니다. 그리고 열왕기상 4:29-34절에서는, '솔로몬은 모든 사람보다 지혜로워 잠언 삼천 가지, 노래 천다섯 편을 지었고, 초목에 대하여는 백향목에서 우슬초까지, 짐승과 새와 기어다니는 것과 물고기에 대하여도 말하였고 솔로몬의 지혜를 들으러 천하 모든 왕들이 사람들을 보내었다'라고 솔로몬의 지혜를 한 번 더 설명합니다. 한마디로 인류 역사상 가장 지혜롭고 가장 탁월한 사람이었고 분별력 또한 뛰어났습니다.

그 예로 열왕기상 3:16-28절에 보면, 솔로몬이 사람들의 마음을 꿰뚫어 보는, 뛰어난 분별력을 가진 사람이라는 사실을 보여 주는 사건이 등장합니다. 창기 두 여자가 와서 한 아이를 두고 서로 자기 아들이라고 주장하였는데, 이때 솔로몬은 그들의 상황을 다 들은 다음, 칼로 산 아이를 둘로 나누어 반반씩 주라고 합니다. 그러자 산 아이의 진짜 엄마는 아이를 죽이지 말라고 호소하였으나 다른 여자는 내 것도 되게 말고 네 것도 되게 말고 나누게 하라고 하였습니다. 이에 왕은 아이를 죽이지 말라는 여자가 산 아이의 엄마라고 판결합니다. 그만큼 솔로몬은 사람의 본심을 꿰뚫어 볼 수 있는 최고의 지혜자였습니다.

그런데, 그랬던 솔로몬이 변합니다. 본문 열왕기상 11:4절에 보면, '솔로몬의 나이가 많을 때에'라고 기록하고 있습니다. 나이가 많다는 것은 경험이 많다는 뜻이고, 경험이 많아지면 사고의 폭도 넓어지고 생각도 깊어집니다. 그런 그의 마음이 바뀌었습니다. 그가 모자라고 부족하고 머리가 나빠서 넘어진 것이 아니라 인류 역사상 가장 탁월하고 가장 지혜로운 사람임에도 불구하고 돌이키고 넘어졌다는 것은, 이 세상에 넘어지지 않을 사람이 한 사람도 없다는 뜻입니다. 그리고 더 놀라운 것은, 솔로몬은 두 번이나 하나님의 임재를 경험한 사람이라는 사실입니다. 하나님께서 두 번이나 솔로몬에게 나타나셔서 다른 신을 따르지 말라고 말씀하셨음에도 불구하고 그가 여호와의 명령을 지키지 않았다(왕상 11:9-10)는 것입니다. 하나님께서 명명백백히 말씀하시고 가르치셨음에도 불구하고 솔로몬의 마음은 돌아섰습니다.

그 이유가 무엇일까요? 솔로몬에게 칠백 명의 후궁과 삼백 명의 첩이 있었습니다. 이는 단순히 숫자의 문제가 아닙니다. 그 천 명의 여자들이 솔로몬의 마음을 서서히 파고들었다는 것입니다. 처음부터 아스다롯과 밀곰이 등장했던 것이 아닙니다. 처음에는 여인이 등장하고 그 여인을 사랑하게 되니 통제권이 넘어갔고, 통제권이 넘어가니 이방 여인의 말대로 한 걸음 한 걸음 스며들게 되었다는 사실을 주목해야 합니다. 우리는 빛과 소금으로 이 세상을 살아가야 하는 책무를 가진 사람들이고, 복음을 전하기 위해 땅끝까지 가야 할 책무를 가지고 있지만, 그렇다고 해서 우리가 세상을 벗어나서 살 수는 없습니다. 정말 주의해야 할 것은 어느 사이엔가 세상적인 것들이 우리에게 스며들고 우리의 마음을 사로잡아, 어느 순간 우리에게 목줄을 매고 우리를 끌어당기기 시작한다는 것입니다.

솔로몬의 진짜 문제가 무엇일까요? '솔로몬이 여호와의 눈앞에서 악을 행하여 그의 아버지 다윗이 여호와를 온전히 따름같이 따르지 아니하였다(왕상 11:6)'고 합니다. 다윗이 하나님을 따랐던 것같이 하나님을 따르지 않았다는 것은 무슨 뜻일까요? 다윗도 실수를 하였고, 죄를 지었고 하나님 앞에 잘못을 저질렀던 사람입니다. 중요한 것은 하나님께서 말씀하시면 다윗은 '들을 줄 아는 사람'이었습니다. 이것이 다윗의 모습입니다. 다윗은 하나님의 말씀에 귀 기울이고 들을 줄 알았고, 자기의 잘못을 인정할 줄 알았고, 그리고 자기의 잘못을 뉘우치고 고쳤던 사람입니다.

그러나 솔로몬은 하나님께서 말씀하셔도 들으려고 하지 않았습니다. 자기도 모르는 사이에 스며들어 와 자기를 지배하고 있는 그 가치관들을 지적하셨는데도 하나님을 향해 돌이키지 않았습니다. 그 결과는 무엇입니까?
'여호와께서 솔로몬에게 말씀하시되 네게 이러한 일이 있었고 또 네가 내 언약과 내가 네게 명령한 법도를 지키지 아니하였으니 내가 반드시 이 나라를 네게서 빼앗아 네 신하에게 주리라(왕상 11:11)
솔로몬의 권위가 상처받고 공격받기 시작합니다. 그의 권위가 추락하고 그의 통제력이 상실되기 시작합니다. 그리고 솔로몬을 공격하는 사람들이 생겨납니다.

우리는 아담이 하나님을 떠났을 때, 어떤 일이 벌어졌는지 잘 알고 있습니다. 하나님을 떠난 아담을 향해 땅과 식물들이 저항했습니다. 땅으로부터 필요한 것을 얻기 위해서는 노동의 대가를 치러야 했습니다(창 3:17-19). 이것이 아담이 경험했던 일입니다. 그런데 지금 솔로몬에게도 똑같은 일이 일어납니다. 솔로몬이 하나님을 떠났을 때, 반역자들이 생기고 그에게 항거하고 그를 배신하고 공격합니다. 솔로몬은 그들을 진압하지 못합니다. 이후 열왕기상 11장의 나머지 내용을 보면, 에돔 사람 하닷, 엘리아다의 아들 르손, 느밧의 아들 여로보암 등 하나님께서 솔로몬의 대적자들을 일으키신 일들을 기록하고 있습니다.

정말 놀라운 것은 솔로몬이 이 지경이 되었음에도 불구하고 하나님께서는 끝까지 솔로몬을 치시지 않으셨다는 것입니다. 그 이유가 무엇일까요? 바로 그의 아버지 다윗 때문이라고 합니다.

'그러나 네 아버지 다윗을 위하여 네 세대에는 이 일을 행하지 아니하고 네 아들의 손에서 빼앗으려니와 오직 내가 이 나라를 다 빼앗지 아니하고 내 종 다윗과 내가 택한 예루살렘을 위하여 한 지파를 네 아들에게 주리라 (왕상 11:12-13)'

솔로몬이 잘해서가 아니라 다윗 때문에 봐주고 계십니다. 저는 이 사실이 너무나 마음 깊이 와닿습니다. 한국교회가 아직도 하나님의 축복을 받는 것은 선조들의 기도와 눈물과 통곡과 헌신, 그리고 그들이 흘린 피를 하나님께서 기억하고 계시기 때문이라는 생각이 듭니다.

그렇다면 우리는 다음 세대들을 위해 무엇을 해야 할까요? 다음 세대를 걱정하고 있다면 우리는 좋은 본을 보여야 하고 좋은 덕을 쌓아야 합니다. 우리의 부모 세대들 또는 우리 세대에서도 자기의 힘든 삶으로 인해 때때로 가족들을 향해 폭언과 폭력을 행사하기도 하고, 심지어 하나님을 믿는다고 하면서도 하나님의 자녀로서 바른 삶의 모습을 자녀들에게 보여주지 못하는 경우들이 종종 있습니다. 그러면서 자녀들에게는 '너는 나처럼 살지 말아라!' 조언 아닌 조언도 합니다. 자녀들에게 보여준 적도 없는 삶의 모습을 자녀들에게 강조하기도 합니다. 이런 나로 인해 하나님께서 내 자녀들을 돌봐 주실까요?

사랑하는 여러분, 우리의 모든 삶은 씨뿌리는 단계임을 항상 기억해야 합니다. 다음 세대들은 우리가 보여주고 들려주는 토대 위에서 성장합니다. 그러면 우리는 어떻게 해야 할까요?

솔로몬의 심각한 죄에도 불구하고 다윗 때문에 자녀 세대를 봐주시는 하나님이시지만, 하나님께서 우리의 부족함과 모자람과 연약함에도 불구하고 우리를 봐주시는 진짜 이유는 바로 십자가에 달리신 예수 그리스도 때문입니다. 솔로몬과 예수님을 비교해 보면, 솔로몬은 모든 영광의 정점에서 하나님으로부터 자기를 돌이켜 버리지만, 예수님께서는 모든 결핍과 빈곤의 자리에서도 하나님을 향한 마음이 한결같았습니다.

솔로몬과 비교하면서 마태복음 4:2-10절을 살펴볼 수 있습니다. 예수님께서 광야에서 40일 동안 시험받는 사건입니다. 마귀는 끊임없이 예수님을 향해 '너의 자존심을 지켜라, 너를 증명하라, 너를 드러내라, 너의 명성과 너의 명예를 높이라' 말합니다. 이 모든 시험의 가장 핵심은 '너를 사랑하라, 너에게 집중하라'는 것입니다. 그런데 예수님은 '하나님께서 말씀하시는 모든 말씀으로만 살겠다! 나는 오직 하나님만 경배하고 그분만을 섬기겠다!' 말씀하심으로 마귀를 향해 '나는 오직 하나님만을 사랑하겠다!' 선포하셨습니다.

사랑하는 여러분!
사랑은 나에게 약점이 됩니다. 내가 어떤 대상을 사랑하면 할수록 그것은 나의 약점이 됩니다. 하지만 놀랍게도 그것이 가장 강력한 강점이 될 수 있습니다. 예수님의 약점은 바로 하나님이십니다. 하나님께서 뭐라고 하시면 예수님은 꼼짝도 못 하십니다. 그래서 하나님 아버지의 뜻대로 온전히 순종하셨습니다. 그런데 이것이 강점이 됩니다. 바로 그 하나님으로 인해서 견디어 내시고 모든 상황을 감당해 내셨습니다. 그래서 우리는 예수의 영이 우리 가운데 임재하시기를 기대하며 기도하는 것입니다. 그 예수의 영으로 우리는 하나님을 진정으로 사랑할 수 있게 되고, 진심으로 하나님을 기뻐할 수 있게 됩니다.

'너희 안에 이 마음을 품으라 곧 그리스도 예수의 마음이니(빌 2:5)'

우리가 예수 그리스도의 마음을 품음으로 그리스도의 영이 우리에게 충만하게 될 때, 우리는 예수님처럼 우리 마음을 비울 수 있게 됩니다. 예수의 영이 우리를 다스리시고 우리를 깨닫게 해 주실 때, 우리는 조금 더 참을 수 있고 조금 더 견딜 수 있고, 조금 더 사랑할 수 있게 하십니다. 그러므로 예수 그리스도의 영이 내게 임재하게 하옵소서!, 그리스도의 영으로 충만하게 하옵소서! 이것이 우리의 첫 번째 기도 제목이 되어야 합니다.

지금 우리는, 사탄이 슬며시 나에게 들어와 나의 마음을 휘어잡고 나의 사랑을 독차지하고 나를 통제하려고 하는 세상에 살고 있습니다. 어떻게 사탄을 이길 수 있을까요? 사탄은 처음부터 하나님을 떠나라 말하지 않습니다. 세상적인 성공과 부와 명예를 보여주고 그것이 없는 나의 불안한 삶을 보여줍니다. 그리고 나를 서서히 하나님으로부터 돌아서게 만듭니다.

우리는 어떻게 해야 이 사탄의 공격을 이길 수 있을까요? 첫째, 우리의 연약함을 인정해야 합니다. 둘째, 나의 지혜와 나의 경험이 나를 지켜줄 수 없음을 인정해야 합니다. 셋째, 오직 예수 그리스도만이 나를 지켜주실 분이심을 깨달아야 합니다. 우리가 예수 그리스도의 영으로 충만할 때, 그 주님으로 말미암아 우리는 견딜 수 있고 버틸 수 있고 참을 수 있습니다.

Writing Jesus · Reading Jesus · **Sharing Jesus** · Praying Jesus

❶ 나는 지금 어떤 '작은 타협' 속에 머물고 있는가?

솔로몬은 처음부터 하나님을 배반한 것이 아니라, 이방 아내들과 정략 결혼, 산당에서의 예배 등 작은 타협들을 허용하며 점점 하나님에게서 멀어졌습니다.

 내가 지금 '괜찮겠지' 하며 넘어가고 있는 작은 타협은 무엇인가? 하나님 앞에서 분명히 '아니라'고 해야 할 것을 어정쩡하게 수용하고 있지는 않은가? 작은 틈이 결국 믿음을 무너뜨릴 수 있다는 경각심을 가지고 살아가고 있는가?

❷ 나는 하나님보다 더 사랑하고 있는 무언가를 품고 있지는 않은가?

솔로몬은 마음이 여호와께 온전히 향하지 않았고, 결국 이방 여인들을 사랑하여 우상을 섬기기에 이릅니다.

 나는 진심으로 하나님만을 경외하고 사랑하고 있는가? 하나님보다 더 큰 관심과 에너지를 쏟고 있는 '우상'은 없는가? 하나님과의 관계가 점점 '습관'이나 '의무'로 흐르고 있는 것은 아닌가?

Writing Jesus · Reading Jesus · **Sharing Jesus** · Praying Jesus

❸ 나는 하나님 앞에 끝까지 충성하려는 마음을 지키고 있는가?

솔로몬은 처음에는 지혜와 복을 구하며 겸손하게 시작했지만, 끝은 교만과 배신이었습니다.

나는 지금 신앙의 '끝'을 어떻게 준비하고 있는가? 하나님 앞에 처음 사랑을 지키며, 끝까지 충성할 수 있도록 내 마음을 다스리고 있는가? 매일의 삶 속에서 '지속적인 회개와 순종'으로 나아가고 있는가?

　예수 그리스도께서 우리 마음에 임재하셔서 우리를 다스리심으로 우리가 온전히 하나님 앞에 기쁨이 되기를 원합니다. 우리는 연약하기에, 우리가 붙들 수 있는 유일한 분은 예수 그리스도이십니다. 그분을 잊지 마십시오! 그분을 놓치지 마십시오! 견고히 그분을 붙잡는 우리 모두가 됩시다!

거룩하시고 신실하신 하나님 아버지!
아무리 지혜롭고 탁월한 사람이라도
주님을 떠나면 넘어질 수밖에 없음을 깨닫습니다.
세상의 유혹과 작은 틈으로 스며드는 죄가
저를 지배하지 못하게 하옵소서.
오직 하나님 한 분만을 사랑하며,
그 사랑 앞에 순종하는 삶을 살게 하옵소서.
그리스도의 영으로 저를 충만하게 하셔서
조금 더 참고, 조금 더 견디며, 조금 더 사랑할 수 있는
하나님의 사람으로 세워 주옵소서.
예수 그리스도의 이름으로 기도드립니다. 아멘!

Writing Jesus · Reading Jesus · Sharing Jesus · **Praying Jesus**

13

Writing Jesus · Reading Jesus · Sharing Jesus · Praying Jesus

보이지 않는 하나님의 군대

열왕기하 6:8-23

8 그 때에 아람 왕이 이스라엘과 더불어 싸우며 그의 신복들과 의논하여 이르기를 우리가 아무데 아무데 진을 치리라 하였더니 9 하나님의 사람이 이스라엘 왕에게 보내 이르되 왕은 삼가 아무 곳으로 지나가지 마소서 아람 사람이 그 곳으로 나오나이다 하는지라 10 이스라엘 왕이 하나님의 사람이 자기에게 말하여 경계한 곳으로 사람을 보내 방비하기가 한두 번이 아닌지라 -중략- 14 왕이 이에 말과 병거와 많은 군사를 보내매 그들이 밤에 가서 그 성읍을 에워쌌더라 15 하나님의 사람의 사환이 일찍이 일어나서 나가보니 군사와 말과 병거가 성읍을 에워쌌는지라 그의 사환이 엘리사에게 말하되 아아, 내 주여 우리가 어찌하리이까 하니 16 대답하되 두려워하지 말라 우리와 함께한 자가 그들과 함께한 자보다 많으니라 하고 17 기도하여 이르되 여호와여 원하건대 그의 눈을 열어서 보게 하옵소서 하니 여호와께서 그 청년의 눈을 여시매 그가 보니 불말과 불병거가 산에 가득하여 엘리사를 둘렀더라 18 아람 사람이 엘리사에게 내려오매 엘리사가 여호와께 기도하여 이르되 원하건대 저 무리의 눈을 어둡게 하옵소서 하매 엘리사의 말대로 그들의 눈을 어둡게 하신지라 19 엘리사가 그들에게 이르되 이는 그 길이 아니요 이는 그 성읍도 아니니 나를 따라 오라 내가 너희를 인도하여 너희가 찾는 사람에게로 나아가리라 하고 그들을 인도하여 사마리아에 이르니라 -중략- 23 왕이 위하여 음식을 많이 베풀고 그들이 먹고 마시매 놓아보내니 그들이 그들의 주인에게로 돌아가니라 이로부터 아람 군사의 부대가 다시는 이스라엘 땅에

Writing Jesus · Reading Jesus · Sharing Jesus · Praying Jesus

13

Writing Jesus · Reading Jesus · Sharing Jesus · Praying Jesus

들어오지 못하니라

8 Now the king of Aram was at war with Israel. After conferring with his officers, he said, 'I will set up my camp in such and such a place.' 9 The man of God sent word to the king of Israel: 'Beware of passing that place, because the Arameans are going down there.' 10 So the king of Israel checked on the place indicated by the man of God. Time and again Elisha warned the king, so that he was on his guard in such places. (……) 14 Then he sent horses and chariots and a strong force there. They went by night and surrounded the city. 15 When the servant of the man of God got up and went out early the next morning, an army with horses and chariots had surrounded the city. 'Oh, my lord, what shall we do?' the servant asked. 16 "Don't be afraid," the prophet answered. "Those who are with us are more than those who are with them." 17 And Elisha prayed, "O LORD, open his eyes so he may see." Then the LORD opened the servant's eyes, and he looked and saw the hills full of horses and chariots of fire all around Elisha. 18 As the enemy came down toward him, Elisha prayed to the LORD, 'Strike these people with blindness.' So he struck them with blindness, as Elisha had asked. 19 Elisha told them, 'This is not the road and this is not the city. Follow me, and I will lead you to the man you are looking for.' And he led them to Samaria. (……) 23 So he prepared a great feast for them, and after they had finished eating and drinking, he sent them away, and they returned to their master. So the bands from Aram stopped raiding Israel's territory.

Writing Jesus · Reading Jesus · Sharing Jesus · Praying Jesus

Writing Jesus · **Reading Jesus** · Sharing Jesus · Praying Jesus

보이지 않는 하나님의 군대

모든 성경의 주인공은 예수 그리스도입니다. 우리는 신약성경부터 예수님께서 등장하시므로 신약시대에만 예수님이 계신다고 생각하기 쉬우나, 예수님께서는 분명하게 '모세의 율법과 선지자의 글과 시편에 나를 가리켜 기록된 모든 것(눅 24:44)'이라고 말씀하셨습니다. 그러므로 우리는 성경을 읽을 때, 항상 이 말씀이 예수님께서 하시는 일과 가르침과 어떻게 연관이 되는지를 염두에 두면서 성경을 읽는 훈련이 필요합니다.

일반적인 성경통독은 본문의 내용과 일차적인 의미를 알아가면서 읽는 방법이지만, 우리가 읽고 있는 리딩지저스 성경통독은 문자 그대로 '예수를 읽는' 성경통독 방법입니다. 모든 본문이 어떻게 예수 그리스도의 존재와 사역과 가르침을 예고하고, 예표하고 있는지를 생각하면서 성경을 읽는 방법입니다.

본문은 우리가 잘 아는 말씀으로 엘리사가 자기를 잡으러 온 아람 군대의 눈을 멀게 하고, 그들을 사마리아 성으로 데려가서 떡과 물로 그들을 대접한 후에 돌려보내는 장면입니다. 그런데 이 내용이 어떻게 예수 그리스도의 가르치심과 사역과 연결되어 있는 것일까요? 이 말씀을 통해 하나님께서는 우리에게 어떤 은혜를 주시고자 하시는 것일까요?

아람(지금의 시리아 지역) 왕은 이스라엘을 치기 위해 자기의 신복들과 은밀하게 작전 계획을 세우지만, 번번이 그 계획이 노출되자 신복들 중 누군가가 이스라엘 왕과 내통하고 있다고 생각합니다(왕하 6:8-11). 그러자 그의 신복 중 한 사람이 아람 왕에게 이스라엘의 선지자 엘리사가 왕이 침실에서 말하는 내용을 이스라엘 왕에게 알려준다고 말합니다(왕하 6:12). 이 사실에서 우선 우리는 하나님의 은혜가 얼마나 풍성한지 알 수 있습니다. 이미 패역할 대로 패역한 이스라엘이지만, 그런데도 하나님께서는 엘리사를 통해 여전히 긍휼을 베풀고 계십니다. 이는 하나님께서 이스라엘의 왕이시므로 누구든지 주님만 바라본다면 그 어떤 나라도 이스라엘의 상대가 될 수 없다는 사실을 알려주고 계십니다. 문제는, 이와 같은 하나님의 은혜를 경험하면서도 정작 이스라엘은 그 사실을 깨닫지 못하고 있다는 것입니다.

이제 아람 왕은 엘리사 한 명을 잡기 위해 엘리사가 머물고 있는 도단 성읍을 말과 병거와 많은 군사로 에워쌉니다(왕하 6:13-14). 아람 왕이 이렇게 군대까지 동원하여 많은 사람을 보낸 것을 보면, 엘리사에 대한 두려움이 얼마나 컸는지를 알 수 있습니다. 다음 날 아침, 엘리사의 사환이 일찍 일어나 나가보니 군사와 말과 병거가 성읍을 에워싸고 있는 것을 보고 두려움에 떨며 엘리사에게 가서 '아아, 내 주여, 우리가 어찌하리이까?' 말합니다(왕하 6:15). 그러자 엘리사는 '두려워하지 말라 우리와 함께한 자가 그들과 함께한 자보다 많으니라(왕하 6:16)' 말합니다. 지금 엘리사 쪽은 엘리사와 사환, 그리고 기껏해야 도단에 살고 있는 평범한 사람들뿐입니다. 그런데 왜 엘리사는 두려워하지 말라고 했을까요?

엘리사는 여호와 하나님께 기도합니다. '그의 눈을 열어서 보게 하옵소서!' 그러자 여호와께서 그 청년의 눈을 여셔서 불말과 불병거가 산에 가득하여 엘리사를 둘러싸고 있는 것을 보게 하십니다(왕하 6:17). 엘리사가 요청하자 하나님께서 응답하십니다. 이것이 바로 우리 성도가 가진 능력과 영광입니다. 이 영광은 우리가 하나님을 조종하고 통제할 수 있는 영광이 아니라 하나님께 요청하고 청원할 수 있는 영광입니다. 사환의 눈을 여는 것은 엘리사의 능력이 아니라 온전히 하나님께로 말미암는 능력입니다. 그래서 엘리사는 하나님께 요청하였고 하나님께서는 응답하신 것입니다.

이 사환은 앞을 보지 못하는 사람이 아닙니다. 그는 한 번도 자신이 눈먼 사람이라고 생각하지 못했을 것입니다. 그런 그가 그동안 볼 수 없었던 불말과 불병거를 보게 된 것입니다. 불말과 불병거는 중요한 역할을 합니다. 엘리야가 승천할 때 그를 둘러쌌던 불말과 불병거가 이제 엘리사를 둘러싸고 있습니다. 엘리사는 평소에도 그 불말과 불병거를 보고 있었지만, 사환은 이제까지 그것을 보지 못했던 것입니다.

아람 사람이 엘리사에게 내려오자, 엘리사는 여호와 하나님께 또 한 번 기도합니다. '저 무리의 눈을 어둡게 하옵소서!' 이번에도 하나님께서는 엘리사의 말대로 그들의 눈을 어둡게 하십니다(왕하 6:18). 엘리사의 기도가 있기 전까지 사환과 아람 군대는 같은 것을 볼 수 있었지만, 엘리사의 기도를 통해 사환은 더 많은 것을 보게 되었고 아람 군대는 눈이 멀어서 그마저도 볼 수 없는 상황이 되고 맙니다. 엘리사는 앞을 보지 못하게 된 아람 군대를 목적지로 인도합니다. 도단에서 사마리아까지 약 20km 정도 되는 거리를, 아람 군대는 앞도 보지 못하고, 어디로 가는지도 모르는 채 불안한 마음으로 엘리사의 인도함을 따라 이동합니다. 마침내 사마리아에 도착한 엘리사는 하나님을 향하여 '이 무리의 눈을 열어서 보게 하옵소서!' 기도하니 하나님께서 그들의 눈을 여셨습니다(왕하 6:19-20).

한편, 많은 군대를 이끌고 사마리아 성으로 들어서는 모습을 본 이스라엘 왕 여호람은 엘리사에게 '내 아버지여 내가 치리이까 내가 치리이까(왕하 6:21)' 묻습니다. 그러자 엘리사는 '치지 마소서 칼과 활로 사로잡은 자인들 어찌 치리이까 떡과 물을 그들 앞에 두어 먹고 마시게 하고 그들의 주인에게로 돌려보내소서(왕하 6:22)' 대답합니다. 이런 엘리사의 모습을 통해 우리는 예수님의 가르침을 기억하게 됩니다. '원수를 사랑하라!' 하신 예수님의 말씀이 무엇을 의미하는지 구체적으로 알려주는 것입니다. 지금 엘리사는 자기를 잡아 죽이고 이스라엘과의 전쟁에서 승리를 얻고자 악의를 품고 온 적군을 향해 잔칫상을 차려 주라고 말합니다. 이에 왕은 많은 음식을 베풀고 먹고 마시게 한 후, 그들의 주인에게로 돌아가게 하였고 이로부터 다시는 아람 군대가 이스라엘 땅에 들어오지 못하였습니다(왕하 6:23).

우리는 하나님은 어떤 분이신가, 분명히 깨닫게 됩니다. 하나님께서는 이스라엘 백성들의 필요를 채우는 공급자이실 뿐만 아니라 적군의 손에서 주의 백성을 보호하시는 방패가 되십니다. 하나님께서는 하나님을 의지하며 그 언약을 기억하고 지키며 주의 구원을 기다리는 사람들을 지금도 변함없이 보호하시고 지키십니다.

그런데 이 경이로운 역사 가운데 한 가지 묘한 의문이 생깁니다. 분명 엘리사의 사환이 보았던 불말과 불병거는 강력한 하나님의 군대였습니다. 아람 군대가 상대할 수 없는 놀라운 능력을 가진 하늘의 군대입니다. 그런데 왜 하나님께서는 이런 능력을 즉각적으로 사용하지 않으셨을까요? 이스라엘 왕들의 패역무도함 앞에서, 압도적으로 그들을 징계하시고 불말과 불병거를 보내셔서 하나님의 심판이 얼마나 무서운지, 또 하나님이 얼마나 존귀하시고 전능하신 분이신지 왜 안 보여주신 것일까요?

우리는 종종 심각하고 어려운 상황을 만났을 때 하나님의 개입을 간절히 바라고 원하지만, 그럼에도 마치 하나님이 안 계시는 것처럼 느껴질 때가 있습니다. 경제적으로 무너지고 갑작스런 병으로 삶이 망가지고, 예상치 못했던 일들이 나를 뒤덮을 때, 불말과 불병거는 어디에 두셨나요? 라고 질문할 수 있습니다. 이 질문에 대한 답의 힌트가 바로 본문에 담겨져 있습니다.

첫째, 하나님은 '보여주는 것'보다 '믿게하는 것'을 더 중요하게 생각하십니다. 하나님은 자신의 능력을 모두 다 드러내시기보다 사람들이 믿음으로 반응하도록 이끄십니다. 엘리사의 종이 처음에는 두려움에 빠져 있었지만 영적인 눈이 열리자 하나님의 군대가 이내 둘러싸고 있음을 보게 되고 안심합니다. 하나님의 개입은 '먼저 보여주시는 것'이 아니라 '믿음을 통해 보게 하시는 것' 입니다.

둘째, 하나님의 능력은 파괴에 있는 것이 아니라 변화와 구원에 목적이 있습니다. 하나님께서는 적군을 제거하는 수단으로 불말과 불병거를 사용하시지 않습니다. 엘리사는 아람 군대를 잘 먹이고 돌려보냈고 그 일을 통해 아람 군대는 변화되었습니다.

불말과 불병거는 하나님의 임재와 보호의 상징임은 분명합니다. 하나님께서 엘리사를 보호하셨듯이 하나님의 살아계심을 믿는 사람들에게도 불말과 불병거로 보호하고 계심을 깨닫게 해 주시고 하나님의 뜻과 섭리 가운데 가장 적절한 때에, 가장 적절한 방식으로 개입하고 계십니다.

사람이 필요로 하는 때와 하나님께서 개입하시는 때가 맞지 않았던 경우가 성경에는 자주 등장하는데 대표적인 사람이 바로 모세입니다. 모세는 자기 나이 마흔 살이 가장 좋을 때라고 생각했지만, 하나님께서 보시기에 가장 좋은 때는 모세 나이 여든 살 때였습니다. 요셉도 마찬가지였습니다. 요셉은 어렸을 때 꿈을 꾸었지만, 하나님께서 요셉을 들어 사용하신 때는 요셉이 죽을 고생 다하고 난 다음이었습니다. 내가 아무것도 할 수 없을 그때가 바로 하나님의 타이밍일 수 있습니다.

오늘의 본문은 하나님이 예수님의 십자가 사건을 우리에게 예고편으로 보여주십니다. 이와 비슷한 사건이 예수님께서 겟세마네 동산에서 기도하실 때 일어났습니다. 마태복음 26:53-54절에 보면, 예수님께서 '너는 내가 내 아버지께 구하여 지금 열두 군단 더 되는 천사를 보내시게 할 수 없는 줄로 아느냐 내가 만일 그렇게 하면 이런 일이 있으리라 한 성경이 어떻게 이루어지겠느냐' 말씀하십니다. 예수님의 말씀은 선명합니다. 능력이 없어서가 아니라 더 높은 목적을 이루시기 위해 그 능력을 사용하지 않으신다는 것입니다. 능력이 없어서 무기력하게 십자가를 지신 것이 아니라 하나님의 지혜와 섭리로 구속사의 목적을 이루시기 위해 능력을 절제하고 계심을 가르쳐 주십니다. 우리 주변에도 참 안타까운 일들이 많이 있습니다. 그때마다 하나님께서는 왜 침묵하시는가 하는 질문을 하게 됩니다. 하지만, 우리는 하나님의 분명하신 뜻을 깨닫습니다. 하나님께서 능력이 없어서 침묵하시는 것이 아니라 하나님의 구속의 목적을 위해서 모든 것을 가장 아름답게 이루고 계십니다!

여러분은 하나님의 선하심을 믿으십니까? 하나님의 모든 계획이 참으로 아름답다는 것을 믿으십니까? 그런데도 왜 지금이 아닌가요? 하는 생각이 든다면, 불말과 불병거로 엘리사를 보호하고 계시지만 구원과 변화의 목적을 위해 무력을 사용하지 않으셨던 것을 기억합시다. 예수님께서 열두 군단도 더 되는 천사를 동원하실 수 있음에도 불구하고 그 모든 능력을 절제하고 계셨던 것을 기억합시다. 하나님 말씀의 성취, 곧 하나님의 뜻을 이루시려는 목적이 분명하셨기 때문입니다. 바라건대 우리에게도 이런 눈이 열리기를 간절히 소망합니다.

하나님의 승리는 어떻게 이루어지는 것일까요? 하나님의 승리는 전쟁이 아니라 순종을 통해 이루어집니다. 우리는 힘으로 상대를 이기는 것이라고 생각하지만, 하나님께서는 기도와 순종을 통해 참된 승리를 이루십니다. 우리가 이 사실을 깨닫기 원합니다. 우리가 고난 주간을 지나면서 십자가를 볼 때 이러한 사실들을 깊이 묵상하면 좋겠습니다.

십자가는 예수 그리스도의 능력이 감추어지고 순종이 드러난 것입니다. 우리가 이 사실을 분명히 기억할 수 있기를 원합니다.

'감추어진 능력! 드러난 순종!'

Writing Jesus · Reading Jesus · **Sharing Jesus** · Praying Jesus

❶ 나는 눈앞의 위협보다 하나님이 보내신 보이지 않는 도움을 믿고 있는가?

엘리사의 사환은 적군만 보았지만, 엘리사는 불말과 불병거를 보며 두려워하지 않았습니다. 보이지 않는 하나님의 군대는 현실의 그 어떤 적군보다 더 강력한 보호가 됩니다.

 나는 삶의 위기나 문제 앞에서 하나님의 보이지 않는 도우심을 믿고 있는가? 문제에만 집중하지 않고, 믿음의 눈으로 하나님의 역사하심을 바라보고 있는가?

❷ 나는 하나님의 능력을 내 방식대로 사용하려는 유혹에서 벗어나고 있는가?

엘리사는 불말과 불병거로 적들을 즉시 심판하지 않고, 오히려 그들을 살리고 먹였습니다. 하나님의 능력은 보복이 아닌 긍휼과 용서를 향해 흐릅니다.

 나는 하나님의 능력을 내 감정이나 계획을 이루는 수단으로 생각하고 있지는 않은가? 그분의 뜻에 따라 용서하고 섬기는 방식으로 능력을 사용하고 있는가?

Writing Jesus · Reading Jesus · **Sharing Jesus** · Praying Jesus

❸ 나는 원수에게 잔치를 베푸는 복음의 삶을 살고 있는가?

엘리사는 포로가 된 아람 군대에게 칼이 아니라 떡과 물을 주며, 하나님의 사랑을 보여주었습니다. 이 은혜로 인해 아람의 침략이 멈추는 평화가 찾아왔습니다.

나는 나를 힘들게 한 사람에게도 하나님의 은혜를 나누는가? 복음의 사람이란 어떤 상황에서도 예수님처럼 선으로 악을 이기는 삶을 살아가는 것임을 기억하고 실천하고 있는가?

예수님께 가장 중요한 일은 보여지는 것이 아니라 하나님의 말씀이 이루어지는 일이었습니다. 그렇다면 여러분은 어떤 사람입니까? '나는 하나님의 능력이 보이지 않을 때 믿음으로 순종하는 사람인가?' '나는 하나님의 때와 하나님의 방법을 기다릴 준비가 되어 있는 사람인가?' '나는 감추어진 능력보다 드러난 순종이 더 귀하다는 사실을 알고 있는 사람인가?' 우리에게 질문하시는 하나님께 전심으로 대답하는 우리 모두가 될 수 있기를 바라겠습니다.

전능하신 하나님 아버지!
눈에 보이는 상황에 눌려 두려워하지 않게 하시고,
믿음의 눈을 들어 주님의 구원과 보호를 보게 하옵소서.
세상의 위협과 불확실함 가운데서도
하나님의 말씀과 약속 위에 서게 하시고,
기도함으로 주님의 능력을 경험하게 하옵소서.
우리의 싸움이 혈과 육에 속한 것이 아님을 기억하게 하시며,
보이는 것보다 크신 하나님을 의지하며,
예수 그리스도의 이름으로 기도드립니다. 아멘!

Writing Jesus · Reading Jesus · Sharing Jesus · **Praying Jesus**

14

Writing Jesus · Reading Jesus · Sharing Jesus · Praying Jesus

성전 건축 준비를 마친 다윗의 기도

역대상 29:10-19

10 다윗이 온 회중 앞에서 여호와를 송축하여 이르되 우리 조상 이스라엘의 하나님 여호와여 주는 영원부터 영원까지 송축을 받으시옵소서 11 여호와여 위대하심과 권능과 영광과 승리와 위엄이 다 주께 속하였사오니 천지에 있는 것이 다 주의 것이로소이다 여호와여 주권도 주께 속하였사오니 주는 높으사 만물의 머리이심이니이다 12 부와 귀가 주께로 말미암고 또 주는 만물의 주재가 되사 손에 권세와 능력이 있사오니 모든 사람을 크게 하심과 강하게 하심이 주의 손에 있나이다 13 우리 하나님이여 이제 우리가 주께 감사하오며 주의 영화로운 이름을 찬양하나이다 14 나와 내 백성이 무엇이기에 이처럼 즐거운 마음으로 드릴 힘이 있었나이까 모든 것이 주께로 말미암았사오니 우리가 주의 손에서 받은 것으로 주께 드렸을 뿐이니이다 15 우리는 우리 조상들과 같이 주님 앞에서 이방 나그네와 거류민들이라 세상에 있는 날이 그림자 같아서 희망이 없나이다 16 우리 하나님 여호와여 우리가 주의 거룩한 이름을 위하여 성전을 건축하려고 미리 저축한 이 모든 물건이 다 주의 손에서 왔사오니 다 주의 것이니이다 17 나의 하나님이여 주께서 마음을 감찰하시고 정직을 기뻐하시는 줄을 내가 아나이다 내가 정직한 마음으로 이 모든 것을 즐거이 드렸사오며 이제 내가 또 여기 있는 주의 백성이 주께 자원하여 드리는 것을 보오니 심히 기쁘도소이다 18 우리 조상들 아브라함과 이삭과 이스라엘의 하나님 여호와여 주께서 이것을 주의 백성의 심중에 영원히 두어 생각하게 하시고 그 마음을 준비하여 주께로 돌아오게 하시오며

Reading Jesus · **Writing Jesus** · Praying Jesus · Ask Jeuse

14

Writing Jesus · Reading Jesus · Sharing Jesus · Praying Jesus

¹⁹ 또 내 아들 솔로몬에게 정성된 마음을 주사 주의 계명과 권면과 율례를 지켜 이 모든 일을 행하게 하시고 내가 위하여 준비한 것으로 성전을 건축하게 하옵소서 하였더라

¹⁰ David praised the LORD in the presence of the whole assembly, saying, 'Praise be to you, O LORD, God of our father Israel, from everlasting to everlasting. ¹¹ Yours, O LORD, is the greatness and the power and the glory and the majesty and the splendor, for everything in heaven and earth is yours. Yours, O LORD, is the kingdom; you are exalted as head over all. ¹² Wealth and honor come from you; you are the ruler of all things. In your hands are strength and power to exalt and give strength to all. ¹³ Now, our God, we give you thanks, and praise your glorious name. ¹⁴ 'But who am I, and who are my people, that we should be able to give as generously as this? Everything comes from you, and we have given you only what comes from your hand. ¹⁵ We are aliens and strangers in your sight, as were all our forefathers. Our days on earth are like a shadow, without hope. ¹⁶ O LORD our God, as for all this abundance that we have provided for building you a temple for your Holy Name, it comes from your hand, and all of it belongs to you. ¹⁷ I know, my God, that you test the heart and are pleased with integrity. All these things have I given willingly and with honest intent. And now I have seen with joy how willingly your people who are here have given to you. ¹⁸ O LORD, God of our fathers Abraham, Isaac and Israel, keep this desire in the hearts of your people forever, and keep their hearts loyal to you. ¹⁹ And give my son Solomon the wholehearted devotion to keep your commands, requirements and decrees and to do everything to build the palatial structure for which I have provided.'

Reading Jesus · **Writing Jesus** · Praying Jesus · Ask Jeuse

Writing Jesus · **Reading Jesus** · Sharing Jesus · Praying Jesus

성전 건축 준비를 마친 다윗의 기도

우리가 읽은 본문 말씀은 다윗이 하나님께 올려드리는 성전 건축을 위한 기도문으로, 성전 건축은 시작도 하지 않은 상태에서 드린 기도입니다. 우리는 다윗이 성전을 건축할 수 없다는 사실을 잘 알고 있습니다. 왜냐하면 하나님께서 다윗이 성전 건축하는 것을 허락하지 않으셨고 그의 아들, 솔로몬이 성전을 지을 것이라 말씀하셨기 때문입니다. 다윗은 성전을 건축하지 못한다고 해서 손을 놓고 있었던 것이 아닙니다. 언젠가 건축하게 될 성전을 위해 모든 것을 준비하였고, 하나님 앞에 자신과 이스라엘 백성들이 함께 준비한 그 모든 예물을 봉헌하고 있습니다. 언제 지어질지도 모를 성전을 위해 미리 헌금하고 예물을 드리는 것이 쉽지만은 않았을 것 같습니다. 하지만 다윗과 그와 함께한 이스라엘 백성들은 상상을 초월할 정도의 많은 헌금과 예물을 하나님 앞에 올려드렸고, 이 모습을 본 다윗은 너무나 감격합니다.

다윗의 기도는 하나님을 부르는 것으로 시작하고 있습니다. '우리 조상 이스라엘의 하나님 여호와여 주는 영원부터 영원까지 송축을 받으시옵소서(대상29:10)' 여기에 사용된 '송축'이라는 단어는 히브리어로 '바라크'라고 하는데,

'무릎을 꿇다'라는 뜻입니다. 이는 하나님을 찬양하고 하나님을 높이는 여러 단어 중에서 자기의 몸을 최대한 낮추어 겸손함으로 하나님을 가장 높여드리는 모습으로, 하나님을 경외하고, 경배하고, 찬양하는 모습입니다. 다윗은 가장 낮은 자세로 가장 높으신 하나님을 향해 감사와 감격의 기도를 드립니다.

다윗이 하나님을 '우리 조상 이스라엘의 하나님 여호와여!'라고 부릅니다. 무슨 뜻일까요?

첫째는 '하나님은 우리를 시작하게 하신 하나님이시다'라는 뜻입니다. 이스라엘 민족은 하나님께서 아브라함을 부르시고 너로 큰 민족을 이루겠다 약속하시고 그 약속을 이루어 가심으로 생긴 민족입니다. 그러므로 지금 다윗이 '우리 조상의 하나님'이라고 하는 말에는 우리를 시작하게 하신 하나님, 이 세상에 존재하지 않았던 이스라엘 백성들을 존재하게 하신 하나님, 아브라함과의 약속을 지키신 하나님이라는 뜻이 담겨 있습니다. 이렇듯 약속하신 바를 이루시고야 마는 하나님, 바로 그 하나님이 우리를 시작하게 하셨다는 것입니다.

둘째는 '하나님은 전능하신 분이시다'라는 뜻입니다. 지금 다윗은 하나님께서 전능하시다는 증거로 '나를 보라! 우리를 보라!' 이야기하고 있습니다. 아이를 낳을 수 없었던 사람이 아이를 낳고, 약속하신 말씀처럼 바다의 모래같이, 하늘의 별과 같이, 큰 민족을 이룬 우리가 바로 하나님이 전능하신 증거라고 다윗은 고백하고 있습니다.

바로 이런 하나님 앞에서, 다윗은 하나님을 다음과 같이 찬양합니다. '여호와여 위대하심과 권능과 영광과 승리와 위엄이 다 주께 속하였사오니 천지에 있는 것이 다 주의 것이로소이다 여호와여 주권도 주께 속하였사오니 주는 높으사 만물의 머리이심이니이다 부와 귀가 주께로 말미암고 또 주는 만물의 주재가 되사 손에 권세와 능력이 있사오니 모든 사람을 크게 하심과 강하게 하심이 주의 손에 있나이다(대상 29:11-12)'

이런 기도는 왠지 수사적으로 화려하고 장엄하게만 느껴지고 형식적이라는 생각이 들 수도 있습니다. 하지만, 지금 다윗이 기도하는 것은 그저 형식적인 표현이 아니라 생생한 자기의 경험을 담은 고백입니다.

우리가 인생을 살아가면서 신앙생활을 하다 보면, 하나님이 매우 가깝고 친밀하게 느껴지기도 하지만, 어느 순간에는 홀로 있는 것 같은 외로움을 느낄 때도 있습니다. 주변 사람들이 다 떠나고 나만 홀로 남겨진 것 같은 때가 있습니다. 하나님께서는 때때로 우리가 하나님 앞에 집중해야 할 때, 우리를 외롭게 만들기도 하십니다. 그래서 어떤 사람들은 이렇게 말하기도 했습니다. '어두운 시절에 남이 내 곁을 지켜 줄 것으로 생각하지 마라, 해가 지면 심지어 내 그림자도 나를 버린다.'

그런데 다윗은 그런 상황조차도 하나님께서 하시는 일이라고 말합니다. 생각지도 못했던 일들로 인해 사람들로부터 멀어지게 되는 일들도 있었고, 또 반대로 예기치 못했던 우연한 일들이 더 좋은 결과로 돌아오기도 했습니다. 다윗은 이 모든 일들이 하나님께서 행하시는 것이라고 고백합니다.

다윗은 자기 자신을 돌아볼 때, 어느 시골의 양치기 소년이 이스라엘 왕이 되는 급격한 신분의 변화를 이해할 수 없었습니다. 왕이 되겠다는 생각은 해 본 적도 없었기에 자기가 왕으로 택함을 받고 왕으로 세워지는 이 모든 일은

'하나님께서 하셨습니다!'라고 인정할 수밖에 없었습니다. 그러니 '모든 사람을 크게 하심과 강하게 하심이 주의 손에 있나이다(대상 29:12)'라고 말할 수밖에 없습니다. 여기서 '크게 하심'은 지위가 높아져 영향력 있는 사람이 됨을 뜻하고, '강하게 하심'은 내면이 영적으로 강하고 견고해짐을 의미합니다.

우리에게는 각자가 느끼는 외로움과 힘듦, 남모르는 한숨과 눈물이 있습니다. 그러나 그 모든 순간이 지나고 나면 자기의 내면이 이전보다 더욱 견고해지고 강해진 것을 느낍니다. 다윗은 물맷돌로 골리앗을 죽이고 계속해서 승승장구함을 경험하지만, 또한 그로 인한 나락을 동시에 경험합니다. 자기를 죽이려는 사울을 피해 도망 다녀야 했고 어떤 때는 미친 척해야 하는 일들도 경험합니다. 이런 일들로 인해 다윗은 매우 힘든 시간을 보냅니다. 하지만 그로 인해 다윗의 내면은 다듬어지게 되었고 강하게 되었습니다. 우리도 이렇듯 힘듦과 외로움 가운데 있을 수 있습니다. 하지만 기억하십시오! 그 시간은 하나님께서 우리를 단단하게 만드시는 시간입니다. 우리를 강하게 만드시는 시간입니다. 우리를 견고하게 세우시는 시간입니다.

다윗은 이 사실을 알고 있었습니다. 그래서 다윗은 이렇게 하나님을 찬양합니다.

'우리 하나님이여 이제 우리가 주께 감사하오며 주의 영화로운 이름을 찬양하나이다(대상 29:13)'

다윗은 하나님의 위대하심과 주권을 노래하며 가슴이 벅차 오릅니다. 또한 하나님의 영광을 함께 노래하며 함께 헌신하는 이스라엘 백성을 보며 또한 기쁨이 샘솟아 오릅니다.

'나와 내 백성이 무엇이기에 이처럼 즐거운 마음으로 드릴 힘이 있었나이까 모든 것이 주께로 말미암았사오니 우리가 주의 손에서 받은 것으로 주께 드렸을 뿐이니이다(대상 29:14)'

사실 이스라엘은 다윗이 왕이 되기 전까지는 자원도 없고 재원도 없고 기술도 없었던 나라였습니다. 철기 문명이 발달했던 블레셋과 달리 이스라엘은 변변한 무기도, 심지어 농기구조차도 제대로 갖추고 있지 못한 상황이었습니다. 그런데 지금 하나님의 성전을 짓기 위해 이스라엘 백성들이 드리는 금은보화와 온갖 예물을 보니 놀라지 않을 수 없었을 것입니다.

다윗은 '우리는 우리 조상들과 같이 주님 앞에서 이방 나그네와 거류민들이라 세상에 있는 날이 그림자 같아서 희망이 없나이다(대상 29:15)'라고 말합니다. 우리는 희망이 없었던 존재라는 것입니다.

그런데 이렇게 희망이 없었던 우리에게 하나님께서 이처럼 어마어마한 재물을 주셨다면, 다음 생각은 자연스럽게 '왜 주셨을까?' 그러면 '어떻게 써야 하는 할까?'라는 질문으로 이어집니다. 다윗은 이렇게 말합니다.

'우리 하나님 여호와여 우리가 주의 거룩한 이름을 위하여 성전을 건축하려고 미리 저축한 이 모든 물건이 다 주의 손에서 왔사오니 다 주의 것이니이다(대상 29:16)'

여기서 '청지기'라는 말이 떠오릅니다. 청지기는 내 것은 아니지만, 맡겨 주신 것을 내 것처럼 잘 관리하는 사람입니다. 흔히 청지기를 재물에 관해서만 생각하기 쉽지만, 재능과 시간과 자녀들에 관해서도 우리는 청지기임을 알아야합니다. 이 모든 것은 우리의 것이 아니라 하나님께서 우리에게 맡겨 주신 것입니다.

그렇다면 하나님께서는 왜 우리에게 이처럼 귀중한 것들을 맡겨 주셨을까요? 다윗과 이스라엘 백성들은 하나님께서 기뻐하시는 뜻을 위해 사용하라고 자신들에게 맡겨 주셨음을 다같이 인정합니다.

'나의 하나님이여 주께서 마음을 감찰하시고 정직을 기뻐하시는 줄을 내가 아나이다 내가 정직한 마음으로 이 모든 것을 즐거이 드렸사오며 이제 내가 또 여기 있는 주의 백성이 주께 자원하여 드리는 것을 보오니 심히 기쁘도소이다(대상 29:17)'

여기에는 두 기쁨이 등장합니다. 하나는 하나님의 기쁨이고 또 하나는 다윗의 기쁨입니다. 하나님은 진심으로 하나님을 사랑하는 사람을 볼 때, 기뻐하십니다. 다윗 역시 하나님을 진심으로 사랑하는 이스라엘 백성을 보며 크게 기뻐합니다. 순수한 마음으로 하나님을 사랑하는 사람들이 한마음으로 연합하는 것을 신약성경에서는 '코이노니아'라고 부릅니다.

다윗은 하나님을 향하여 두 가지를 기도합니다. 첫째는 이스라엘 백성들을 위해 '주의 백성이 이 일을 마음에 품어 영원히 간직하게 하시고 그들의 마음이 주님을 향해 고정되게 하소서(대상 29:18)'라고 기도합니다. 이는 하나님을 너무나 사랑하고 기쁜 나머지, 드리고도 더 드리고 싶어 하는 백성들의 이 마음이 영원히 변치 않게 해달라는 것입니다. 둘째는 아들 솔로몬을 위해 '내 아들 솔로몬에게 정성된 마음을 주사 주의 계명과 권면과 율례를 지켜 이 모든 일을 행하게 하시고 내가 위하여 준비한 것으로 성전을 건축하게 하옵소서(대상 29:18)'라고 기도하고 있습니다.

다윗은 아들 솔로몬에게 정성된 마음 주시기를 기도하였는데, '정성'의 뜻은 '살렘'으로 온전하다, 완전하다는 뜻에서 '평안하다'로 연결되는 단어입니다. 그러므로 이 기도는 솔로몬이 하나님을 사랑하는 사람이 되게 해 달라는 것입니다. 솔로몬이 성전을 지어야 할 책임이 있는 자로서 하나님을 경외하는 마음 없이 건물만 짓는 사람이 되지 않게 해 달라는 것입니다. 이 기도는 다윗의 기도이자 우리의 기도이기도 합니다.

다윗은 왜 이렇게까지 기도하고 있는 것일까요? 이는 성전이 갖는 가장 중요한 의미, 곧 '하나님이 나와 함께 하신다'는 것 때문입니다. 이스라엘 백성들이 성전으로 들어간다는 것은 '하나님 앞으로 나아간다'라는 뜻이고, 성전을 향하여 기도한다는 것은 '지금 주님과 함께 교제하기를 원합니다. 주님의 집에 살기를 원합니다'는 뜻입니다. 하지만 성전에는 아무나 들어갈 수 없습니다. 먼저 깨끗해져야 하고, 거룩해져야 합니다. 하나님께서는 더러운 죄를 싫어하시기 때문입니다. '내가 성전 안에 있다'라는 말은 하나님께서 인정해 주시는 의로움을 내가 가지고 있다는 뜻이고, 하나님 앞에서 심판당하지 않는다, 죄로 인해 죽지 않는다는 뜻입니다. 이는 바로 예수 그리스도로 말미암는 행복이고, 예수 안에 있는 자가 누리는 행복입니다.

그러므로 '우리가 성전 안에 있다'는 것은 우리가 예수 안에 있다는 것입니다. 왜 그럴까요? 예수님께서는 헤롯 성전을 향해 '너희가 이 성전을 헐라 내가 사흘 동안 일으키리라(요 2:19)' 말씀하셨습니다. 그리고 '예수는 성전된 자기 육체를 가리켜 말씀하신 것이라(요 2:21)'라고 기록하고 있습니다. 우리는 성전을 통해 예수님을 이해할 수 있습니다.

솔로몬이 지은 성전은 영원하지 않았습니다. 무너지고 불타 버립니다. 오래되어 낡아서 무너진 것이 아니라 이스라엘 백성들이 하나님을 떠나고 하나님을 배신하고 하나님께 죄를 지었기 때문입니다. 하나님께서 그 성전을 적군의 발에 짓밟히게 하셨고 불태워 버리셨습니다. 하나님과의 관계가 단절되어 버리고 하나님을 사랑하지도, 경외하지도 않는데 성전이 무슨 의미가 있겠느냐는 것입니다. 하나님과의 관계가 끝나면 성전도 무너지고 맙니다.

세월이 흘러 하나님께서는 이스라엘에게 다시 성전을 재건하라고 명령하십니다. 무슨 뜻일까요? 하나님과의 관계가 회복되었다는 의미입니다. 이스라엘의 죄 때문에 그들을 떠나 버리신 하나님께서 이제 다시 돌이키시고 그들의 모든 죄를 용서하시고 복을 주시겠다는 것입니다. 이 성전의 재건이 바로 예수 그리스도의 부활과 연결됩니다.

예수님의 부활은 우리에게 어떤 의미가 있는 것일까요? 성전이 무너지고 재건되는 것은 예수 그리스도의 십자가의 죽음과 부활하심을 예표합니다. 성전 자체이신 예수 그리스도의 십자가의 죽음은, 죄인인 인간들과 더 이상 함께하지 않으시겠다는 하나님의 저주와 심판입니다. 그런데 참 성전이신 예수 그리스도의 부활은 하나님께서 다시 돌이키시고 우리를 부르시는 것입니다. 우리의 죄악에 대한 모든 심판과 저주를 풀어주신 것입니다. 성전을 재건하며 이스라엘 백성들이 받아 누렸던 복을, 오늘날 우리는 예수 그리스도의 부활로 경험하게 됩니다. 그러므로 우리는 예수 안에 있을 때, 평안하고 행복하고 만족을 누릴 수 있습니다.

Writing Jesus · Reading Jesus · **Sharing Jesus** · Praying Jesus

❶ 나는 하나님의 주권을 인정하며 모든 것을 하나님께 돌려드리고 있는가?

다윗은 성전 건축을 위한 모든 준비를 마친 후, 자신과 백성들의 모든 헌신이 하나님께로부터 온 것임을 고백하며 하나님께 영광을 돌렸습니다.

나는 내가 이룬 것과 내가 가진 것을 나의 능력이라 생각하고 있는가? 모든 것이 하나님의 것이며, 나는 청지기일 뿐이라는 믿음 안에서 감사하고 있는가?

❷ 나는 자발적이고 기쁜 마음으로 하나님께 드리는 삶을 살고 있는가?

다윗과 이스라엘 백성들은 억지나 부담이 아닌, 자원하는 마음으로 하나님께 드렸고, 그 헌신이 하나님께 기쁨이 되었습니다.

나는 하나님께 드리는 시간, 물질, 헌신을 기쁨으로 드리고 있는가? 나의 헌신이 의무감이 아닌 하나님을 향한 사랑과 믿음에서 비롯된 것인가?

Writing Jesus · Reading Jesus · **Sharing Jesus** · Praying Jesus

❸ 나는 자녀와 다음 세대가 하나님을 온전히 섬기도록 기도하고 있는가?

다윗은 아들 솔로몬이 온전한 마음으로 하나님의 뜻을 따르며 성전을 건축하기를 간절히 기도했습니다.

나는 내 자녀와 다음 세대가 하나님의 뜻 안에 서도록 중보하고 있는가? 그들이 하나님을 알고, 사랑하며, 헌신된 삶을 살도록 도울 수 있는 본이 되고 있는가?

반석 위에 있는 집은 튼튼합니다. 비바람과 눈보라가 몰아쳐도 두려워할 필요가 없습니다. 그 반석 위에 있는 튼튼한 집이 바로 예수 그리스도이십니다. 예수를 믿는다는 것은 예수 안에 있는 것입니다. 무너진 성전이 재건되듯, 예수 그리스도의 부활하심으로 그 안에 있는 모든 자들을 안전하게 보호해 주시는 예수를 의지함으로, 주께서 우리 가운데 행하실 모든 일들 가운데 주의 영광을 보는 저와 여러분이 되시기를 축복합니다.

거룩하신 하나님 아버지!
제가 가진 모든 것이 나의 것이 아님을 잊지 않게 하시고,
생명과 시간과 재능과 물질까지도
주님의 영광을 위하여 드리는 삶이 되게 하옵소서.
마음의 정성과 기쁨으로 드렸던 다윗과 백성들처럼,
자원함으로 주님 앞에 나아가게 하시며,
하나님의 나라와 복음을 위해 기꺼이 헌신하게 하옵소서.
예수 그리스도 안에서, 우리의 삶이
거룩한 산 제사가 되기를 원합니다.
예수 그리스도의 이름으로 기도드립니다. 아멘!

Writing Jesus · Reading Jesus · Sharing Jesus · **Praying Jesus**

15

Writing Jesus · Reading Jesus · Sharing Jesus · Praying Jesus

이스라엘을 흥왕하게 하려는 사람

느헤미야 2:1-10

¹ 아닥사스다 왕 제이십년 니산월에 왕 앞에 포도주가 있기로 내가 그 포도주를 왕에게 드렸는데 이전에는 내가 왕 앞에서 수심이 없었더니 ² 왕이 내게 이르시되 네가 병이 없거늘 어찌하여 얼굴에 수심이 있느냐 이는 필연 네 마음에 근심이 있음이로다 하더라 그 때에 내가 크게 두려워하여 ³ 왕께 대답하되 왕은 만세수를 하옵소서 내 조상들의 묘실이 있는 성읍이 이제까지 황폐하고 성문이 불탔사오니 내가 어찌 얼굴에 수심이 없사오리이까 하니 ⁴ 왕이 내게 이르시되 그러면 네가 무엇을 원하느냐 하시기로 내가 곧 하늘의 하나님께 묵도하고 ⁵ 왕에게 아뢰되 왕이 만일 좋게 여기시고 종이 왕의 목전에서 은혜를 얻었사오면 나를 유다 땅 나의 조상들의 묘실이 있는 성읍에 보내어 그 성을 건축하게 하옵소서 하였는데 ⁶ 그 때에 왕후도 왕 곁에 앉아 있었더라 왕이 내게 이르시되 네가 몇 날에 다녀올 길이며 어느 때에 돌아오겠느냐 하고 왕이 나를 보내기를 좋게 여기시기로 내가 기한을 정하고 ⁷ 내가 또 왕에게 아뢰되 왕이 만일 좋게 여기시거든 강 서쪽 총독들에게 내리시는 조서를 내게 주사 그들이 나를 용납하여 유다에 들어가기까지 통과하게 하시고 ⁸ 또 왕의 삼림 감독 아삽에게 조서를 내리사 그가 성전에 속한 영문의 문과 성곽과 내가 들어갈 집을 위하여 들보로 쓸 재목을 내게 주게 하옵소서 하매 내 하나님의 선한 손이 나를 도우시므로 왕이 허락하고 ⁹ 군대 장관과 마병을 보내어 나와 함께 하게 하시기로 내가 강 서쪽에 있는 총독들에게 이르러 왕의 조서를 전하였더니 ¹⁰ 호론 사람 산발랏과 종이었던 암몬 사

Writing Jesus · Reading Jesus · Sharing Jesus · Praying Jesus

15

Writing Jesus · Reading Jesus · Sharing Jesus · Praying Jesus

람 도비야가 이스라엘 자손을 흥왕하게 하려는 사람이 왔다 함을 듣고 심히 근심하더라

¹ In the month of Nisan in the twentieth year of King Artaxerxes, when wine was brought for him, I took the wine and gave it to the king. I had not been sad in his presence before; ² so the king asked me, 'Why does your face look so sad when you are not ill? This can be nothing but sadness of heart.' I was very much afraid, ³ but I said to the king, 'May the king live forever! Why should my face not look sad when the city where my fathers are buried lies in ruins, and its gates have been destroyed by fire?' ⁴ The king said to me, 'What is it you want?' Then I prayed to the God of heaven, ⁵ and I answered the king, 'If it pleases the king and if your servant has found favor in his sight, let him send me to the city in Judah where my fathers are buried so that I can rebuild it.' ⁶ Then the king, with the queen sitting beside him, asked me, 'How long will your journey take, and when will you get back?' It pleased the king to send me; so I set a time. ⁷ I also said to him, 'If it pleases the king, may I have letters to the governors of Trans-Euphrates, so that they will provide me safe-conduct until I arrive in Judah? ⁸ And may I have a letter to Asaph, keeper of the king's forest, so he will give me timber to make beams for the gates of the citadel by the temple and for the city wall and for the residence I will occupy?" And because the gracious hand of my God was upon me, the king granted my requests. ⁹ So I went to the governors of Trans-Euphrates and gave them the king's letters. The king had also sent army officers and cavalry with me. ¹⁰ When Sanballat the Horonite and Tobiah the Ammonite official heard about this, they were very much disturbed that someone had come to promote the welfare of the Israelites.

Writing Jesus · Reading Jesus · Sharing Jesus · Praying Jesus

Writing Jesus · **Reading Jesus** · Sharing Jesus · Praying Jesus

이스라엘을 흥왕하게 하려는 사람

 본문 말씀을 새롭게 묵상하면서 드는 생각은, 이 본문이 신구약을 통틀어 손꼽을 수 있는 '아름다운 관계의 모습' 중 하나가 아닐까 하는 것이었습니다. 느헤미야서 1장에는, 패망한 예루살렘의 성읍은 황폐해졌고 성문들은 불타 버렸다는 소식을 들은 느헤미야가 금식하고 통곡하면서 하나님 앞에 기도하는 모습이 담겨 있습니다. 그리고 본문 2장에는 왕의 술을 맡은 관원인 느헤미야가 아닥사스다 왕에게 포도주를 드리는 모습으로 시작합니다.

 2절에 보면, 왕이 느헤미야에게 '네가 병이 없거늘 어찌하여 얼굴에 수심이 있느냐 이는 필연 네 마음에 근심이 있음이로다(느 2:2)' 말합니다. 전후 상황을 생각해보면, 이전까지 느헤미야는 항상 건강하고 밝은 모습으로 왕께 포도주를 드렸던 것 같습니다. 그리고 마땅히 그런 모습을 왕께 보여드려야 하는 것이 신하의 의무이기도 합니다. 절대 왕권의 왕정 시대의 신하는 왕 앞에서는 어떤 상황에서도 사사로이 자기 감정을 함부로 드러내서는 안 됩니다. 그럼에도 지금 상황이 놀라운 것은 왕이 신하의 안색을 살피고 신하의 마음 상태를 걱정하며 그의 마음을 헤아리고 있다는 것입니다.

왕의 이러한 반응에 느헤미야는 크게 두려워합니다. 있을 수 없는 일이기 때문입니다. 느헤미야는 '왕은 만세수를 하옵소서 내 조상들의 묘실이 있는 성읍이 이제까지 황폐하고 성문이 불탔사오니 내가 어찌 얼굴에 수심이 없사오리이까(느 2:3)'라고 왕께 자기의 마음을 솔직히 털어놓습니다. 이 말을 들은 왕이 그냥 그렇구나 하고 넘어갈 수도 있었겠지만, 놀랍게도 왕은 거기서 끝나지 않고 한 걸음 더 나아가 '그러면 네가 무엇을 원하느냐(느2:4)'라고 묻습니다. 느헤미야는 '내가 곧 하늘의 하나님께 묵도합니다(느2:4)' 왕은 자기 자신과 느헤미야 둘만 의식하지만, 느헤미야는 왕을 모시는 위치에서 왕뿐만 아니라 하나님을 더욱 의식하며 살아왔습니다. 1장에서부터 느헤미야는 좋은 상황이건 나쁜 상황이건 하나님 앞에 나아갑니다. 지금 느헤미야는 왕과 자신의 대화 가운데 눈에 보이지는 않으시지만 이 대화를 주관하시는 하나님께 묵도를 통해 나아갑니다.

지금 일어나고 있는 이 일은 어찌 보면 우연 같습니다. 그러나 기억할 것은 우연히 벌어지는 일들은 필연적인 하나님의 일이라는 사실입니다. 우리가 우연이라고 느끼는 것은 생각도 못 하고 있었는데 뜻밖에 일어나서 우연인 것처럼 보일 뿐입니다. 혹시라도 우연처럼 보이는 일들이 일어난다면 반드시 그 안에는 하나님의 메시지가 담겨 있습니다. 하나님께서는 내 삶에 개입하시며 우연이라는 이름으로 신호를 보내십니다. 느헤미야는 하나님께 묵도하고 왕께 생각을 말합니다. '왕이 만일 좋게 여기시고 종이 왕의 목전에서 은혜를 얻었사오면 나를 유다 땅 나의 조상들의 묘실이 있는 성읍에 보내어 그 성을 건축하게 하옵소서(느 2:5)'

느헤미야의 대답의 요지는 '나를 보내소서!'입니다. 그러자 왕은 '네가 몇 날에 다녀올 길이며 어느 때에 돌아오겠느냐'라고 왕이 허락하자 느헤미야는 돌아올 기한을 정합니다(느 2:6). 느헤미야는 한 걸음 더 나아가 왕께 '강 서쪽 총독들에게 조서를 내려 유다에 들어가기까지 통과하게 하시고 삼림 감독에게 조서를 내려 성문과 성곽과 자기 집에 사용할 들보로 쓸 재목을 내게 주소서!' 요청합니다. 그리고 하나님의 선한 손이 도우셔서 왕이 이를 허락하였다(느 2:7-8)고 기록합니다. 느헤미야는 이 일을 도우시고 주관하시는 하나님을 고백합니다. 하나님의 도우심으로 왕이 허락하였다는 것입니다. 왕은 느헤미야의 요청을 허락하였을 뿐만 아니라 군대 장관과 마병을 보내어 함께 하도록 해 주었습니다(느 2:9).

이제 느헤미야는 예루살렘에 도착하였는데, 이런 느헤미야의 모습을 보고 당시 예루살렘에서 기득권을 행사하였던 '호론 사람 산발랏과 암몬 사람 도비야가 이스라엘 자손을 흥왕하게 하려는 사람이 왔다 함을 듣고 심히 근심하더라(느 2:10)'라고 기록하고 있습니다. 여기서 '이스라엘 자손을 흥왕하게 하려는 사람'은 '이스라엘을 돕기 위한 사람, 헬퍼'라고 볼 수 있습니다.

이런 '아름다운 관계'를 어디서 볼 수 있을까요? 아닥사스다 왕의 모습은 하나님 아버지의 자비로움과 많이 닮았습니다. 느헤미야의 심중을 헤아려 준 것만으로도 엄청난 일이지만, 원하는 것이 무엇인지 물어보고 느헤미야가 원하는 것 이상을 해줍니다. 그렇다면 그 일로 아닥사스다 왕이 얻는 이익은 무엇일까요? 왕에게는 어떤 이익도 없습니다. 오히려 불편함만 더 가중될 뿐입니다. 사실 술 관원장은 왕이 마시는 모든 술을 관장하는 사람으로 왕의 생명을 지키는 역할을 하게 되므로 왕의 신임을 100% 받는 사람에게만 맡기는 직책입니다. 느헤미야가 예루살렘에 가 있는 동안, 또 다른 믿을 만한 사람을 찾아야 하는 번거로움이 있습니다. 그런데도 왕은 그것을 감수합니다. 그리고 느헤미야가 요구한 것보다 더 많이 줍니다. 그만큼 느헤미야를 좋게 보고 최고로 대접해 줍니다. 바로 그 마음이 하나님 아버지의 자비와 긍휼의 마음입니다.

'어찌하여 얼굴에 수심이 있느냐 이는 필연 네 마음에 근심이 있음이로다!'
지금 이런 마음으로 우리를 살피시는 하나님 아버지의 무한하신 자비를 느낄 수 있습니다.

그렇다면, 느헤미야는 어떤 역할을 하고 있는 것일까요? 바로 예수 그리스도의 모습을 볼 수 있게 합니다. 지금 느헤미야에게는 애통함이 가득합니다. 수백 년 동안 회개하라는 하나님의 말씀을 무시하고 제멋대로 행한 예루살렘을 생각해 보면 그들은 망해도 마땅합니다. 변명의 여지가 없습니다. 그 누구도 하나님의 심판에 대해 이의 제기할 수 없는 그런 성읍입니다. 그러나 느헤미야는 통곡하고 금식합니다. 그리고 기회가 찾아왔을 때, '나를 보내소서!' 말합니다. 느헤미야는 '불타버린 성읍을 건설할 유능한 사람을 찾아서 보내주소서!'라고 말할 수도 있었을 것입니다. 그런데도 느헤미야는 자기의 모든 위험과 어려움을 무릅쓰고 '나를 보내소서!'라고 말합니다. 이것이 바로 예수 그리스도의 심정입니다. 하나님의 진노의 심판을 받아도 마땅한 죄인들을 위해 예수 그리스도께서 우리 가운데 오셨습니다.

'나를 보내소서! 무너진 성읍을 재건하게 하시고 깨어진 하나님과의 언약을 다시 일으켜 세우게 하옵소서! 무서운 심판으로 불타 버린 예루살렘을 다시 회복하게 하소서! 죄인이 의인으로 다시 살아나게 하소서!
이것이 예수님의 심정입니다.

예루살렘에 있던 산발랏과 도비야는 이스라엘 자손을 흥왕하게 하려는 사람이 왔다 함을 듣고 심히 근심하였다고 합니다. '이스라엘 자손을 흥왕하게 하려는 사람'이 누구입니까? 바로 예수 그리스도이십니다. '죄인들을 흥왕하게 하려는 사람' 바로 예수 그리스도이십니다. 지옥 불에 떨어져도 마땅한 죄인들을 다시 일으켜 세우시고 온전케 하심으로 하나님과의 관계를 회복시키기 위해 오신 분이 바로 예수 그리스도이십니다.

사랑하는 성도 여러분! 왜 이토록 우리는 예수 그리스도를 갈망하는 것일까요? 매일매일 예수 그리스도를 원하지 않으면 안되는 이유가 무엇일까요? 이유는 단 하나입니다. 예수 그리스도만이 우리를 도우실 수 있기 때문입니다. 우리를 다시 일으켜 세우실 분은 오직 예수 그리스도 한 분이시기 때문입니다. 이 본문이 '아름다운' 이유는 이 말씀이 바로 '복음'이기 때문입니다. 왜 그럴까요? 원수들도, 사탄도, 마귀도 알고 있습니다. 저 성도를 다시 흥왕하게 하실 분이 오셨구나!, 저 성도를 도울 분이 오셨구나!

느헤미야는 예수 그리스도께서 장차 하실 일에 대해서 너무나 아름다운 그림을 우리에게 보여 주고 있습니다. 우리는 하나님 앞에, 예수 그리스도 앞에 이 말씀을 가지고 엎드려질 수밖에 없습니다. 우리를 긍휼히 여기시고 사랑하시기 때문에 무너진 성읍과도 같은 제 마음을, 불타 버린 제 영혼을 위해 우리 주님께서 스스로 와 주셨다는 사실 앞에 우리는 감동하고 감격할 수밖에 없습니다. 그래서 우리는 더 원합니다. 우리가 스스로 좀 참고, 마음 추슬러서 다시 살아나는 것이 아니라 예수 그리스도께서 우리 안에 오셔서 우리를 다시 세워 주셔야만 우리는 진짜 다시 살아날 수 있습니다. 나를 온전하게 세우실 분은 예수 그리스도 한 분이십니다. 나뿐만 아니라 다른 사람을 온전하게 세우실 수 있는 분도 예수 그리스도밖에 없습니다. 사람은 사람을 변화시킬 수 없습니다. 사람을 변화시키는 것은 예수 그리스도의 능력입니다. 예수 그리스도께서 세우셔야만 합니다.

그렇다면, 우리의 역할은 무엇일까요? 예수께서 그 일을 하실 수 있도록 예수 그리스도와 연합된 자로서 우리도 예수님처럼 반응하는 것입니다. 우리가 예수님과 연합하였다면, 우리도 예수님처럼 반응할 수 있습니다.
'저를 보내소서! 저 무너진 성읍과 같은 저 사람을 세우는 일에 주님, 저를 사용하옵소서!'
이것이 성도의 능력이요, 성도의 권능이요, 성도의 영광입니다.
베풀고도 더 베푸시기를 원하시는 성부 하나님의 마음과 모욕당하고 배신당하고 피 흘리는 그 자리에 '나를 보내소서!'라고 말씀하시는 성자 예수님의 마음이 우리 안에 거하시는 성령으로 말미암아 흘러가실 수 있도록 믿음으로 순종합시다. 🌱

Writing Jesus · Reading Jesus · **Sharing Jesus** · Praying Jesus

1. "나는 삶의 문제 앞에서 하나님의 뜻을 묻고, 그분의 때를 기다리며 행동하고 있는가?"

   느헤미야는 예루살렘의 폐허 소식을 듣고 먼저 하나님께 금식하고 기도하며 슬퍼했습니다. 이후 왕 앞에서 기회를 얻자, 그는 즉시 하나님께 묵도하고 하나님의 뜻 가운데 나아갑니다.

    나는 마음에 무거운 일이 있을 때, 즉각 행동하기보다 하나님께 나아가 뜻을 묻고 기다리는가? 내 삶의 결정적인 순간에 하나님의 뜻과 손길을 구하는 믿음의 반응이 있는가?

❷ 나는 하나님이 맡기신 회복의 사명 앞에 '나를 보내소서!'라고 고백할 수 있는가?

   느헤미야는 상황을 다른 사람에게 미루지 않고, 자신의 생명과 안위를 걸고 '나를 보내소서!'라고 반응했습니다. 이는 예수 그리스도의 사명을 미리 보여주는 고백이기도 합니다.

    나는 깨어진 관계, 무너진 공동체, 병든 교회를 위해 '누군가 가야 한다'고만 말하고 있지는 않은가? 내가 '나를 보내소서'라고 고백하며, 예수님의 마음을 품고 주님의 회복 사역에 동참하고 있는가?

Writing Jesus · Reading Jesus · **Sharing Jesus** · Praying Jesus

❸ 나는 내가 가는 자리마다 '그 공동체를 흥왕하게 하려는 사람'으로 불릴 수 있는가?

산발랏과 도비야는 느헤미야를 두고 '이스라엘 자손을 흥왕하게 하려는 사람'이라고 불렀습니다. 그리스도인은 그가 존재하는 모든 곳에서 무너진 것을 일으키는 사람이어야 합니다.

 나는 가정, 교회, 공동체 속에서 사람들을 살리고 세우는 '영적 건축자'로 살아가고 있는가? 내 주변 사람들은 나를 통해 예수님의 회복과 사랑을 경험하고 있는가?

이 말씀은 예수 그리스도의 제자된 우리가 우리의 삶을 어떻게 살아야 할지를 우리에게 알려줍니다. 우리는 하나님을 향해 반응해야 합 니다. 우리가 예수님의 제자라면 예수님을 따라야 합니다.

    그리고 우리가 가는 그곳에 '이스라엘을 흥왕하게 하려는 자가 왔다!' '우리 교회를 흥왕하게 하려는 자가 왔다!' '우리 가정을 흥왕하게 하려는 자가 왔다!' '우리 다락방을 흥왕하게 하려는 자가 왔다!' 예수 그리스도 안에서 이런 아름다운 이름으로 우리 모두가 불리는 은혜가 있기를 축복합니다.

하나님 아버지!
저의 자리와 사명을 잊지 않게 하시고,
눈앞의 유익과 편안함보다 하나님의 뜻과
백성의 유익을 먼저 구하게 하옵소서.
느헤미야처럼 기도로 시작하고 믿음으로 결단하며
행동으로 순종하는 사람이 되게 하옵소서.
제 힘과 능력으로가 아니라 하나님이 주시는 은혜와 기회로
주님의 일을 이루어가게 하옵소서.
예수 그리스도의 이름으로 기도드립니다. 아멘!

Writing Jesus · Reading Jesus · Sharing Jesus · **Praying Jesus**

16

Writing Jesus · Reading Jesus · Sharing Jesus · Praying Jesus

주를 기억하고 맞서 싸우라

느헤미야 4:9-14

⁹ 우리가 우리 하나님께 기도하며 그들로 말미암아 파수꾼을 두어 주야로 방비하는데 ¹⁰ 유다 사람들은 이르기를 흙 무더기가 아직도 많거늘 짐을 나르는 자의 힘이 다 빠졌으니 우리가 성을 건축하지 못하리라 하고 ¹¹ 우리의 원수들은 이르기를 그들이 알지 못하고 보지 못하는 사이에 우리가 그들 가운데 달려 들어가서 살륙하여 역사를 그치게 하리라 하고 ¹² 그 원수들의 근처에 거주하는 유다 사람들도 그 각처에서 와서 열 번이나 우리에게 말하기를 너희가 우리에게로 와야 하리라 하기로 ¹³ 내가 성벽 뒤의 낮고 넓은 곳에 백성이 그들의 종족을 따라 칼과 창과 활을 가지고 서 있게 하고 ¹⁴ 내가 돌아본 후에 일어나서 귀족들과 민장들과 남은 백성에게 말하기를 너희는 그들을 두려워하지 말고 지극히 크시고 두려우신 주를 기억하고 너희 형제와 자녀와 아내와 집을 위하여 싸우라 하였느니라

⁹ But we prayed to our God and posted a guard day and night to meet this threat. ¹⁰ Meanwhile, the people in Judah said, 'The strength of the laborers is giving out, and there is so much rubble that we cannot rebuild the wall.' ¹¹ Also our enemies said, 'Before they know it or see us, we will be right there among them and will kill them and put an end to the work.' ¹² Then the Jews who lived near them came and told us ten times over, 'Wherever you turn, they will attack us.' ¹³ Therefore I stationed some of the people behind the lowest points of the wall at the exposed places, posting them by families, with their

Reading Jesus · **Writing Jesus** · Praying Jesus · Ask Jeuse

Writing Jesus · Reading Jesus · Sharing Jesus · Praying Jesus

swords, spears and bows. ¹⁴ After I looked things over, I stood up and said to the nobles, the officials and the rest of the people, "Don't be afraid of them. Remember the Lord, who is great and awesome, and fight for your brothers, your sons and your daughters, your wives and your homes."

Writing Jesus · Reading Jesus · Sharing Jesus · Praying Jesus

Writing Jesus · **Reading Jesus** · Sharing Jesus · Praying Jesus

주를 기억하고 맞서 싸우라

지난 한 주간은 리딩지저스 순서에 따라 '에스라, 느헤미야, 에스더' 말씀을 통독하였습니다. 이 세 권에는 이스라엘 백성들이 포로 생활로부터 다시 고국으로 돌아오는 과정에서 겪는 큰 어려움, 또 이방 땅에서 겪는 녹록지 않은 삶과 현실적으로 겪게 되는 어려움과 고단한 삶을 기록하고 있습니다. 에스라서는 성전 재건, 느헤미야서는 성벽 재건, 그리고 에스더서는 이방 땅에서 살아가는 이스라엘 민족이 몰살당할 위기에서 구원되는 역사의 기록이 담겨 있습니다.

이러한 말씀이 오늘을 살아가는 우리에게 주는 교훈은, 신앙 생활은 '영적 전쟁'이라는 것입니다. 믿음의 가정을 세우고, 주님의 교회를 세우고, 한 영혼을 회복시키는 너무나 아름다운 하나님을 하더라도 그 과정에는 반드시 대적의 저항과 방해가 따릅니다. 우리가 살아가는 삶에는 사랑하는 가족의 죽음과 같이 이해할 수 없고 감당하기 어려운 상황을 마주할 수도 있습니다. 그럴 때 예수님의 뒤를 따라가는 우리는 어떻게 견뎌야 할까요?

본문은 이런 질문을 가진 우리에게 중요한 가르침을 주십니다. 느헤미야는 예루살렘 성벽을 재건하라는 사명을 받았지만, 그 길은 결코 평탄하지 않았습니다. 외부의 위협과 내부의 낙심이 느헤미야를 끊임없이 흔들어댑니다. 이것을 견뎌가는 느헤미야와 이스라엘 백성들의 모습을 통해 영적 전쟁터를 살아가는 우리에게 하나님은 세 가지 교훈을 주십니다.

첫째는 하나님의 영광을 나타내는 모든 일에는 필연적으로 방해와 대적이 일어난다는 것입니다. 느헤미야서를 보면 성벽의 재건이 완성되어 가면 갈수록, 그들의 대적들도 가만히 있지 않습니다. 산발랏과 도비야와 아라비아 사람들과 암몬 사람들과 아스돗 사람들이 연합하여 예루살렘을 공격하려는 계획을 세우고(느 4:7-8), 내부적으로는 이스라엘 사람들끼리 서로 충돌하며 낙심케 하는 문제들이 발생합니다(느 4:9-10).

하나님의 길을 가고, 믿음 생활을 잘한다면, 우리 삶에 어려움이 없을까요?
아닙니다! 대적들은 반드시 도전합니다. 우리의 사역을 막기 위해, 우리의 믿음을 흔들기 위해 의심과 두려움을 조장하고 틈을 벌려 무너트리려고 시도합니다. 아담과 하와는 가장 좋은 환경 가운데 만들어진 참 아름다운 부부였습니다. 하지만 사탄은 뱀의 형상으로 나타나 하나님의 말씀을 의심하게 만들고 죄의 문을 열게 함으로 하나님과의 단절, 서로에 대한 비난과 책임 전가, 가정 질서의 붕괴라는 결과를 낳았습니다. 하나님께서 만드신 가장 완벽한 환경 가운데에서도 대적하는 사탄이 그들을 시험하고 공격했다면, 한 영혼이 돌아오고 가정이 회복되고 주님의 교회가 세워질 때 어떻게 사탄이 가만히 있겠습니까? 갈라지게 하고 낙심하게 만들고 서로 싸우게 만들어 어떻게든지 하나님의 사람들을 넘어트리려 할 것입니다. 지금 우리에게 이러한 일들이 일어나고 있다면, 역설적이게도 우리가 하나님께서 기뻐하시는 길을 가고 있다는 증거이기도 할것입니다.

이처럼 피할 수 없는 도전 앞에 우리는 어떻게 맞서야 할까요? 우리에게 주시는 둘째 교훈은 '우리 하나님께 기도하며 그들로 말미암아 파수꾼을 두어 주야로 방비하라는 것(느 4:9)'입니다. 이것이 도전에 맞서는 느헤미야의 모습이었습니다. 느헤미야는 두 가지의 모습을 보여줍니다. 하나는 기도하는 것이고, 다른 하나는 파수꾼을 두어 방비하는 것입니다. 바로 신앙의 두 날개, '기도' 그리고 '실천과 실행'입니다. 이 둘의 균형이 중요합니다. 기도만 하고 실천과 실행이 없다면 날아오르지 못할 것이고, 하나님을 의지하지 않은 채 실천과 실행만 한다면 그것 또한 엉뚱한 곳으로 날아가게 만들 것입니다. 기억합시다. 실천과 실행은 어떤 경우에도 주저앉아 포기하지 않는 것입니다. 그렇게 실천하고 실행하기 위해서 반드시 하나님을 의지해야 합니다.

예수님께서는 이런 면에서 완전한 모범이 되셨습니다. 마가복음 1장에 보면, 예수님께서는 새벽 미명에 한적한 곳으로 가서 기도하시고 이어서 온 갈릴리를 다니시며 전도하시고 귀신을 내쫓으셨고 병자를 고치셨습니다(막 1:35-45). 기도하시고 실천하시는 예수님의 모습입니다. 십자가에 달리기 위해 잡히시기 전, 겟세마네 동산에서 예수님은 기도하셨습니다. '아버지여 만일 아버지의 뜻이거든 이 잔을 내게서 옮기시옵소서 그러나 내 원대로 마시옵고 아버지의 원대로 되기를 원하나이다(눅 22:42)' 기도하셨는데, 얼마나 간절히 힘써 기도하셨는지 땀이 땅에 떨어지는 핏방울같이 되었습니다(눅 22:44) 중요한 것은 그 다음입니다. 예수님께서는 제자들을 향해 '일어나라 함께 가

자 보라 나를 파는 자가 가까이 왔느니라(마 26:46, 막14:42)' 말씀하셨고, 즉시 그 길을 가셨습니다. 느헤미야가 그랬습니다. 적들의 수많은 도전 앞에서 그는 간절히 기도했으며 기도를 마친 다음에는 즉시 일을 시작했습니다. 느헤미야는 잠시라도 일을 멈추지 않았습니다. 이와 같은 믿음의 반응으로 삶의 자리를 지켜야 할 것입니다.

가장 중요한 마지막 셋째는 주님을 기억하고 두려움 없이 맞서 싸우는 것입니다. 느헤미야는 이스라엘 백성들을 향하여 '너희는 그들을 두려워하지 말고 지극히 크시고 두려우신 주를 기억하고 너희 형제와 자녀와 아내와 집을 위하여 싸우라(느 4:14)' 말합니다. 여기서 핵심 단어는 '기억하라!', '싸우라!'입니다.

'기억하라!'는 주 여호와 하나님이 함께하심을 기억하라는 것입니다. 대적을 기억하고 상황을 바라보면, 두려움에 사로잡힐 수밖에 없습니다. 그러나 우리 주님을 기억하면 우리는 담대해집니다. 죽음을 생각하면 두려울 수밖에 없지만, 부활을 생각하면 담대함이 생겨납니다.

그리고 '싸우라!'는 맞서라는 것입니다. 성경에는 주님을 기억하지 못해서 두려움에 빠진 여러 사람들의 사례가 기록되어 있습니다. 베드로는 예수님의 경고의 말씀을 기억하지 못하였고, 위험에 처하자 예수님을 세 번이나 부인합니다. 엘리야는 불이 하늘에서 내려와 갈멜산 제단의 모든 제물을 불사르는 어마어마한 하나님의 능력을 경험하고서도 자신을 죽이려는 이세벨의 위협 앞에서 두려움에 사로잡혀 광야로 도망쳐 낙심하고 쓰러졌습니다. 죽음을 보지 않고 하늘로 올라간 엘리야 같은 선지자도 하나님을 기억하지 못했을 때는 낙심하고 쓰러집니다.

느헤미야는 느헤미야의 시간을 살아가면서 그의 사명을 감당하였고 엘리야는 엘리야의 시간을 살아가면서 자신의 소명을 감당했다면, 우리도 우리에게 주어진 시간을 통해 우리에게 허락된 믿음을 가지고 우리의 삶을 살아가야 합니다. 우리가 살아가야 하는 삶의 내용은 무엇일까요? 우리의 가정을 세우고, 주님의 교회를 세움으로써 결국 한 영혼을 회복시키고 믿음의 사람을 세우는 일입니다. 하나님께서는 이 일을 위해 우리를 사용하십니다. 하나님께서 우리를 사용하시는 중에라도 우리는 때로 하나님을 기억하지 못합니다.

어떤 경우에 주님을 기억하지 못하게 되는 것일까요?

오늘날 우리 시대와 우리 자신을 이해하기 위해 중요한 단어 가운데 하나가 '감정소비'입니다. '감정소비'란 몸은 일하지 않는데 감정은 계속 쉬지 않고 돌아가는 것을 의미합니다. 예를 들면, 내가 보낸 톡을 상대방이 읽었는지, 안 읽었는지 계속 신경 쓰고, 또 읽었음에도 답이 없으면 '왜 답이 없지?' 궁금해하고 상상합니다. 어떤 일을 하고 있으면서도 우리 감정의 일부는 끊임없이 또 다른 일들을 생각하고, 상상으로 만들어낸 일에 감정이 상하기도 합니다. 이것이 '감정소비'입니다. 인스타그램의 '좋아요' 숫자에 감정을 소비하고 거기에 얽매여 끌려다니다가 어떤 이는 스스로 자기 생명을 끊는 어처구니없는 일들까지 일어났습니다.

어떻게 보면 지극히 사소한 일이지만, 이런 일들에 내 감정이 끌려다니다 보면, 육체적으로는 별로 힘든 일이 없었음에도 정신적으로는 탈진해 버리는 상황에 빠지는 것, 이것이 이 시대를 살아가고 있는 우리 삶의 모습입니다. 이같은 감정소비는 또 다른 문제를 만들어냅니다.

이같은 감정소비에 지쳐 버린 사람들은 나를 위로해 줄 무언가를 찾게 되는데 술, 약물, 도박, 쾌락, 과도한 취미 생활과 같은 것들입니다. 요즘은 여기에 'AI(인공지능)'가 새롭게 추가되었습니다.

어떤 기사에 보니 종교 생활의 목적으로 마음의 평안을 꼽는 경우가, 개신교인 45.6%, 비개신교인 66.9%(한국기독교사회문제연구원)로 나타났다고 합니다. 안타까운것은 기독교의 본질은 정서적 안정보다 진리와 구원에 있음에도 불구하고 마음의 평안이 없으면, 교회를 떠나 다른 길로 가버린다는 것입니다. 어쨌든 이처럼 종교가 감당해 왔던 심리적 위안의 역할을 요즘은 AI가 대체하기 시작했습니다.

저도 최근 비슷한 경험을 했습니다. 강단에서 선포했던 설교 노트를 AI에게 학습시키고 설교내용을 분석해 달라고 요청하면 AI는 칭찬 일색의 피드백을 해 줍니다. 그런 말을 들으면 기분이 참 좋습니다. 그리고 이러이러한 점을 보충하면 훨씬 더 좋을 것 같다는 의견을 주기도 합니다. 그런데 똑같은 말을 사람의 입을 통해 들으면 이상하게 기분이 나빠집니다. 사실 AI가 하는 감정표현은 감정투사일뿐입니다. 사람의 감정을 그대로 비추는 역할을 하고 있는 겁니다. AI는 사람들이 듣고 싶어 하고, 보고 싶어 하는 것을 질문자의 수많은 언어 패턴이나 방대한 데이터를 근거로 그냥 모사하는 것뿐인데, 사람들은 AI로부터 위로받고 있다거나 이해받고 있다고 생각합니다. 이러한 AI 반응에 점점 더 길들여지면 인간관계에서 오는 불필요한 갈등을 피하려고 다른 사람들의 접촉을 줄이며 점점 자기 중심적인 사고에 빠질 수 있다는 것을 AI 자체도 경고하고 있습니다.

우리의 감정소비가 더 많아지고 무언가로부터 위로받고 싶다는 바람에 집중하다 보면, 하나님과의 관계도 멀어지고, 진짜 사람과의 관계도 멀어집니다. 왜냐하면 진짜 하나님과 진짜 사람은 자기 마음대로 통제할 수 없고, 조종할 수도 없기 때문입니다. 더욱이 기독교 신앙은 내 뜻이 아니라 하나님의 뜻을 구하며 그 뜻에 순종해 나갈 때 성령님의 도우심으로 영적인 위로를 받습니다. 하지만 이러한 성령님의 위로보다 우리는 '나의 정서적인 위로'를 더 빨리 쉽게 채워 줄 것을 찾고 그것을 더 좋아하게 되는 위험에 빠질 수 있습니다.

효율성을 중요시하고 가성비를 우선시하는 요즘 시대의 상황에 비추어보면, 불확실한 오랜 기다림과 고통과 성숙을 동반해야 하는 신앙생활은 점점 비효율적이라고 느끼게 됩니다. 친부모와 자식 간에도 불편하면 안 보는 세상에서, 나를 힘들게 하고 나를 귀찮게 하고 나를 불편하게 만드는 것을 점점 더 견디지 못합니다. 그래서 하나님을 멀리하게 되는지도 모릅니다. 오래된 통계이기는 하지만, 2007년 당시 매주 이 교회, 저 교회 떠도는 청년들이 60만 명 정도였다고 합니다. 이런 문제들로 인해 예루살렘 성벽이 무너지듯이, 가족공동체가 무너지고 교회공동체가 무너집니다. 이것이 우리가 직면한 현실입니다.

이런 현실 앞에서, 우리가 가족공동체를 바로 세우고 교회공동체를 바로 세우기를 원한다면, 어떻게 해야 할까요? 느헤미야 말씀을 통해 하나님께서는 우리에게 두 가지를 가르쳐 주십니다.

하나는 '하나님께 초점을 맞추고 하나님께 집중하는 것'입니다. 하나님의 임재를 구하는 그 예배에 집중해야 합니다. 예배는 감정소비의 시간이 아니라 하나님 앞에 내가 부서지는 시간입니다. 하나님 앞에서 하나님을 경외함으로 거룩한 두려움을 회복하는 시간입니다. 하나님께서는 주시는 말씀을 듣고 그 말씀에 귀 기울이며 나를 하나님 앞으로 나아가게 하는 그런 연습과 훈련이 필요합니다.

다른 하나는 불편하지만 '거룩한 관계로서의 공동체 회복'을 바라야 합니다. 불편함 때문에 도망가는 것이 아니라 그 불편함을 견뎌내는 것입니다. 불편함 가운데 진짜 은혜가 있고 불편함 때문에 진짜 변화가 일어납니다.

Writing Jesus · Reading Jesus · **Sharing Jesus** · Praying Jesus

❶ 나는 위기 앞에서 '하나님을 기억하는 믿음'으로 반응하고 있는가?

느헤미야는 조롱과 위협 속에서 무너지지 않고, 백성들에게 '크고 두려우신 주를 기억하라'고 외쳤습니다. 믿음의 싸움은 상황보다 하나님을 기억하는 데서 시작됩니다.

나는 두려운 상황 속에서 하나님을 먼저 떠올리는가? 위기를 볼 때 낙심하는 대신, 하나님이 어떤 분이신지를 기억하며 다시 일어서고 있는가?

❷ 나는 함께 싸워야 할 가족과 공동체를 위해 믿음의 자리를 지키고 있는가?

느헤미야는 형제, 자녀, 아내, 집을 위하여 싸우라고 말합니다. 믿음의 전투는 나 개인만이 아니라, 사랑하는 사람들을 위한 헌신입니다.

나는 내 가족과 교회를 위해 영적 전선에서 기도와 말씀, 헌신의 무장을 하고 있는가? 나의 무관심이 누군가를 무너뜨리게 하지는 않는가?

❸ 나는 하나님께 기도하면서도, 동시에 할 수 있는 준비를 실천하고 있는가?
느헤미야는 하나님께 간절히 기도하면서도, 낮과 밤으로 파수꾼을 세우고 무장을 준비했습니다. 믿음은 수동적인 기다림이 아니라, 능동적인 동행입니다.

나는 기도만 하거나, 반대로 계획만 세우고 있지는 않은가? 하나님께 전적으로 의지하면서도, 내 자리에서 최선을 다하는가?

느헤미야를 통해 하나님께서는 분명하게 알게 하십니다. 우리가 느끼는 그 불편함 속에 진정한 성령의 역사가 있고, 그 불편함으로 말미암아 참된 성장이 있습니다.

우리가 기억해야 할 하나님의 성품은 무엇입니까? 예수님께서는 '수고하고 무거운 짐 진 자들아 다 내게로 오라 내가 너희를 쉬게 하리라(마 11:28)' 말씀하십니다. 참된 위로는 예수께 있습니다. 그 예수를 붙잡고 우리를 허무는 모든 것과 맞서 싸웁시다!

하나님 아버지!
대적의 위협과 마음의 낙심 속에서도
주님을 기억하며 담대히 맞서 싸우게 하옵소서.
환경과 사람을 두려워하지 않고
지극히 크시고 두려우신 주님을 바라보게 하시며,
가정을 세우고, 교회를 세우고, 한 영혼을 회복시키는 일에
끝까지 헌신하게 하옵소서.
하나님이 주시는 은혜와 능력으로 오늘도 승리하게 하옵소서.
예수 그리스도의 이름으로 기도드립니다. 아멘!

Writing Jesus · Reading Jesus · Sharing Jesus · **Praying Jesus**

17

Writing Jesus · Reading Jesus · Sharing Jesus · Praying Jesus

믿음의 부모됨을 위한 선한 각오와 결심

사무엘상 1:26-28

26 한나가 이르되 내 주여 당신의 사심으로 맹세하나이다 나는 여기서 내 주 당신 곁에 서서 여호와께 기도하던 여자라 27 이 아이를 위하여 내가 기도하였더니 내가 구하여 기도한 바를 여호와께서 내게 허락하신지라 28 그러므로 나도 그를 여호와께 드리되 그의 평생을 여호와께 드리나이다 하고 그가 거기서 여호와께 경배하니라

26 and she said to him, 'As surely as you live, my lord, I am the woman who stood here beside you praying to the LORD. 27 I prayed for this child, and the LORD has granted me what I asked of him. 28 So now I give him to the LORD. For his whole life he will be given over to the LORD.' And he worshiped the LORD there.

Writing Jesus · Reading Jesus · Sharing Jesus · Praying Jesus

Writing Jesus · **Reading Jesus** · Sharing Jesus · Praying Jesus

믿음의 부모됨을 위한 선한 각오와 결심

 어버이 주일입니다. 본문에 등장하는 한나의 이야기를 통하여 우리에게 주시는 하나님의 교훈과 가르침을 깨닫기를 원합니다.

 본문 사무엘 1장은 '에브라임 산지 라마다임소빔에 에브라임 사람 엘가나 라 하는 사람이 있었는데, 그에게 두 아내가 있었으니 브닌나에게는 자식이 있고 한나에게는 자식이 없었더라(삼상 1:1-2)'라고 시작합니다. 여기에 등장하는 사람들의 이름 뜻을 살펴보면, 엘가나는 '하나님께서 소유하셨다. 하나님의 것이다', 브닌나는 '모퉁이', 그리고 한나는 '은혜와 은총'이라는 뜻입니다. 1-2절을 보면 무언가 긴장감이 있습니다. 한 사람에게는 자식이 있고 또 다른 한 사람에게는 자식이 없기 때문입니다.

 3절에는 '엘가나가 매년 실로에 올라가서 만군의 여호와께 예배하며 제사를 드렸다'고 합니다. 엘가나는 자기 이름에 걸맞게 견고한 믿음을 가진 사람이었습니다. 지금 사무엘상의 시대적 배경은 사사 시대입니다. 우리가 잘 아는 바와 같이 이 시대는 굉장히 어두운 시대이고 믿음이 없는 시대였지만, 그럼에도 불구하고 룻기에 등장하는 보아스처럼, 엘가나도 참된 믿음의 사람입니다. 그가 살고 있는 곳에서부터 실로까지는 약 40km 정도가 되는데, 그 먼 거리를 매년 온 가족과 함께, 제물로 드릴 가축들을 이끌고 예배하러 올라가는 엘가나는 하나님을 사랑하는 사람이며 하나님을 진심으로 경외하는 사람입니다. 엘가나는 삶의 우선 순위를 하나님을 경배하는 일 곧 예배에 두고 있는 사람입니다.

하지만, 그토록 참된 믿음의 가장이 이끄는 가정인데도 긴장과 갈등이 있었고 어두운 불행의 그림자가 드리워져 있었습니다.

사무엘상 1:4-6절에 엘가나는 하나님께 제사를 드리는 날에 제물의 분깃을 그의 아내 브닌나와 모든 자녀에게 주고 사랑하는 한나에게는 갑절로 줍니다. 하지만 하나님께서 한나가 임신하지 못하게 하시니 브닌나가 한나를 심히 격분하게 하여 괴롭힙니다.

사무엘상 1:7-8절에는, 브닌나가 한나를 격분하게 하여 괴롭힌 것이 한두 번이 아니라 매년 그랬습니다. 그때마다 한나는 울며 먹지 아니합니다. 하나님께 제사드리는 것은 하나님을 예배하고, 제물을 드림으로써 모든 죄를 용서받고 화목하게 하심으로 천국의 기쁨을 누리는 것인데 천국의 기쁨을 누려야 할 제사의 자리가 한나에게는 지옥과 같은 시간으로 변해 버렸습니다.

한나에 대한 엘가나의 사랑은 변함이 없고, 그래서 브닌나의 분노도 변함이 없습니다. 그러니 한나의 고통도 변함이 없는 상황이 반복되고 있습니다. 어떻게 해야 이 문제를 해결할 수 있을까요? 근본적인 방법은 한나가 아이를 낳아 균형을 맞추는 것입니다. 그런데 성경은 하나님께서 임신하지 못하게 하셨다(삼상 1:5-6)고 반복해서 말합니다. 그러므로 이 문제를 해결하려면 하나님께서 한나가 임신하도록 허락해 주셔야만 합니다. 한나가 하나님 앞에 나아가야 합니다. 한나는 마음이 괴로워서 마침내 하나님 앞에 나아갑니다. 여호와께 기도하고 통곡하며 서원합니다.

'만군의 여호와여 만일 주의 여종의 고통을 돌보시고 나를 기억하사 주의 여종을 잊지 아니하시고 주의 여종에게 아들을 주시면 내가 그의 평생에 그를 여호와께 드리고 삭도를 그의 머리에 대지 아니하겠나이다(삼상 1:11)'

한나는 하나님과 거래를 하는 것이 아닙니다. 한나는 자기 실력으로 아들을 낳을 수 없음을 분명히 알고 있었습니다. 자기 실력으로 낳은 아들이 아니므로 자기 것이 아니라 하나님의 것이라는 뜻입니다. 그러므로 비록 자기가 낳기는 하겠지만 하나님이 주신 아들을 하나님께 내어드리겠다고 서원한 것입니다. 이 기도를 들으시고 하나님께서 한나에게 아들을 주신다면 하나님은 한나의 고통을 돌아보신 하나님! 한나를 기억하시는 하나님! 한나를 잊지 않으시고 그의 기도에 응답하시는 하나님이심이 드러날 것입니다.

이 말씀을 묵상할수록 하나님의 지혜, 하나님의 섭리는 정말 헤아릴 수 없다는 생각이 듭니다. '왜 하나님께서는 한나에게 아들을 주시지 않으셨을까? 왜 한나가 브닌나에게 그토록 괴롭힘을 당하게 하셨을까?' 하나님의 마음을 이해할 수 없었습니다. 그런데 그 오랜 시간을 통해, 마침내 한나의 입에서 '주의 여종에게 아들을 주시면 내가 그의 평생에 그를 여호와께 드리겠습니다'라는 고백이 나옵니다. 이전에도 한나는 하나님을 향해 기도했을 것입니다. 하지만 하나님께서는 한나의 입을 통해 '아들을 주시면 그 아들은 제 것이 아니라 하나님의 것이오니 가장 소중한 아들을 여호와께 드리겠습니다!'라고 한나가 고백할 때까지 이끌어가셨습니다. 왜 그럴까요?

가장 소중한 아들을 내어놓겠다는 한나의 이 결단은, 바로 하나님 아버지의 결단이기도 합니다. 한나의 이 결단을 통해 하나님께서는 하나님 아버지의 마음을 보여주십니다.

'여종의 고통을 돌아보시고 여종을 기억하시고 여종을 잊지 마옵소서'라는 한나의 이 기도는 죄인인 우리의 기도이기에, 나의 고통을 돌아보시고 나의 이 고통을 기억하시고 나를 잊지 마옵소서'라고 부르짖는 죄인들을 향해 '내 아들을 내어놓겠다!'라고 결단하시며 죄인들을 사랑하사 아들을 내어놓는 하나님 아버지의 마음을 깨닫게 합니다. 한나의 고백은 하나님 아버지의 마음을 거울처럼 우리에게 보여줍니다.

한나는 말합니다. '가장 소중한 아들을 내어드리겠습니다!'

하나님도 말씀하십니다. '너희의 고통을 돌아보고 너희를 기억하고 너희를 잊지 않기 위해 내 가장 소중한 아들을 내어놓겠다!'

우리를 사랑하시는 하나님 아버지의 이 마음을 우리가 깨닫기 원합니다.

본문은 이제 제사장 엘리와 한나의 대화로 이어집니다. 한나가 오래 기도하는 동안 한나의 입을 주목한 엘리는 입술만 움직이고 음성이 들리지 아니하므로 술에 취한 것으로 생각하여 한나에게 술을 끊으라 말합니다(삼상 1:12-14). 그러자 한나는 술에 취한 것이 아니라 여호와 앞에 자기의 심정을 통한 것뿐이므로 여종을 악한 여자로 여기지 마시고 내가 지금까지 말한 것은 나의 원통함과 격분됨이 많기 때문이라고 답합니다(삼상 1:15-16). 엘리의 모습을 묘사하는 말씀에 복선이 깔려 있습니다. 당시 이스라엘의 가장 탁월한 영적 지도자인 엘리는 안목이 흐려져 술에 취한 것인지, 기도하는 것인지조차 구분하지 못합니다. 한나의 괴로운 마음을 헤아리지는 못할망정 포도주를 끊으라 말하는 엘리의 말에 한나는 얼마나 답답했을까요? 그래서 한나는 자신이 술에 취한 것이 아니라 슬픔에 취해 하나님 앞에 모든 슬픔을 쏟아놓고 있다고, 술에 취한 악한 여자가 아니라 그냥 한이 많아 그 한을 하나님 앞에 아뢰고 있다고 대답합니다.

그러자 영적으로 분별력이 흐려진 엘리였지만 엘리는 '평안히 가라 이스라엘의 하나님이 네가 기도하여 구한 것을 허락하시기를 원하노라!(삼상 1:17)'라고 축복합니다. 한나는 대답합니다. '당신의 여종이 당신께 은혜 입기를 원하나이다(삼상 1:18).' 한나는 놀랍게도 엘리의 말을 하나님의 응답으로 받아들이고 그 말씀을 믿기로 결단합니다. 그 결단의 증거로 '가서 먹고 얼굴에 다시는 근심 빛이 없더라(삼상 1:18)'라고 성경은 기록하고 있습니다. 한나는 더 이상 격분하게 하는 사람의 말로 인해 마음이 요동하도록 자기 자신을 방치하지 않습니다. '평안히 가라!'라는 엘리의 말을 하나님의 응답으로 믿고, 그 하나님의 말씀에 반응합니다. 진짜 결단은 얼굴빛을 변하게 합니다.

이제 반전이 시작됩니다. 엘가나의 가족은 아침에 일찍 일어나 여호와 앞에 경배하고 라마의 자기 집으로 돌아가(삼상1:19) 먼저 여호와 앞에 경배합니다. 한나의 마음에 드리웠던 흑암과 어두움이 사라지고, 새아침이 밝아오듯 엘가나의 가정에 새아침이 밝았습니다. 엘가나 가족의 모습은 상처나 아픔, 긴장이나 갈등, 분노가 있더라도, 성도는 하나님을 경배해야 한다는 것을 알려줍니다. 하나님을 경배하는 것은 하나님을 기억하고 신뢰하는 것입니다. 문제가 해결되지 않고 여전히 남아 있을지라도 하나님을 예배하는 것이 성도의 삶입니다. 이렇게 매일을 살아갈 때, 하나님께서는 응답하십니다. 한나의 고통을 돌아보셨고 한나를 기억하셨고 한나를 잊지 않으셨고 한나를 생각하셨음으로 마침내 아들을 주셨습니다(삼상 1:20). 한나는 그 아들을 품에 안고 볼 때마다 나의 고통을 돌아보신 하나님, 나를 잊지 않으신 하나님, 나를 기억하시는 하나님을 생각했을 것입니다.

사랑하는 성도 여러분, 여러분은 하나님께서 내어주신 그 아들, 예수 그리스도가 달리신 십자가를 볼 때 어떤 생각을 하십니까? 그 예수를 우리가 주목할 때 여러분은 무엇을 기억하시고 무엇을 기대하십니까? 예수 그리스도는 하나님께서 나를 위하여, 우리를 위하여 내어주신 하나님의 아들이십니다. 나의 고통을 아시고 나를 기억하시고 나를 잊지 않으시므로 나의 죄와 어리석음과 미련함에도 불구하고 나를 위해 하나님께서 내어주신 하나님의 아들이십니다. 그래서 예수께로 가면 안전합니다. 예수를 붙들면 쉼을 얻습니다. 예수 앞에 나아가면, 예수의 이름을 부르면 큰 위로를 받습니다.

엘가나와 그의 온집이 여호와께 매년제와 서원제를 드리러 올라갈 때에 한나는 남편에게 아이가 젖을 떼면 그를 여호와 앞에 데리고 가서 거기에 영원히 있게 하겠다고 하였습니다. 엘가나는 한나의 소견에 좋을 대로 하라고 말합니다(삼상 1:21-23). 어떻게 보면 엘가나는 자기의 의견은 전혀 없고 그저 아내가 원하는 대로 해주는 그런 남편같아 보입니다. 하지만 '오직 여호와께서 그의 말씀대로 이루시기를 원하노라(삼상1:23)'라는 엘가나의 대답은, 하나님께서 그의 말씀대로 이루시기를 원하는 믿음이 엘가나에게 있음을 보여주고 있습니다. 그리고 그 아들이 젖을 뗀 후에, 한나는 수소 세 마리와 밀가루 한 에바와 포도주 한 가죽 부대를 가지고 실로 여호와의 집에 나아갑니다(삼상1:24).

성경에는 한나가 아들을 낳고, 그 아들을 실로에 있는 여호와의 집에 드리기까지의 시간이 얼마나 걸렸는지 기록되어 있지는 않습니다. 그 기간 동안 한나는 처음 안아 본 아들을 양육하며 너무나 사랑스러운 아이와 눈을 맞추며 웃고 젖을 물리고 잠을 재우면서 정성으로 아이를 키웁니다. 그리고 아이는 점점 자라서 젖을 뗄 시기가 가까워졌고, 마침내 결정해야 하는 순간을 맞이하게 됩니다. 새로운 긴장이 찾아옵니다. 과연 한나는 아기를 내어놓을 수 있을까요? '내 품에 안긴 아기에게 집중할 것인가? 아니면 아기를 주신 하나님께 집중할 것인가' 한나의 눈은 어린 사무엘을 보고 있지만, 한나의 마음은 그 아들을 주신 하나님을 바라봅니다. 그래서 한나는 하나님 앞에 나아가 '이 아이를 위하여 내가 기도하였더니 내가 구하여 기도한 바를 여호와께서 내게 허락하신지라 그러므로 나도 그를 여호와께 드리되 그의 평생을 여호와께 드리나이다(삼상 1:27-28)' 하고 거기서 여호와께 경배합니다.

'나도 하나님께 응답하리라!' 이것이 한나의 결단입니다. 우리는 하나님의 응답에 많은 관심을 가집니다. 그런데 더욱 중요한 것은 하나님의 응답을 받은 후에 '나는 어떤 태도를 보일 것인가?' 하는 것입니다. 우리는 응답받은 것으로 좋아하고 감사하지만, 그것으로 끝나면 안 됩니다. 한나는 하나님으로부터 응답받은 것에 집중하기보다. 응답해 주신 하나님을 향해 자기의 마음과 태도를 바르게 결정하는 일에 더 집중합니다. 그래서 본문 사무엘상 1장은 '그가 여호와께 경배하니라'로 끝납니다.

사랑하는 여러분! 우리 모두 하나님을 경배하는 사람이 되기를 원합니다. 우리가 하나님을 경외하는 자로 하나님 앞에 서기 위해서 우리가 잊지 말아야 할 교훈을 세 가지로 정리하겠습니다.

첫째는 '결핍을 대하는 태도'입니다. 브닌나와 한나의 공통점은 '결핍'입니다. 브닌나는 남편의 사랑에 대한 결핍이 있었고 한나는 자식이 없는 결핍이 있었습니다. 두 사람의 차이는, 브닌나는 하나님 앞에 나아가지 않고 한나를 상대로 공격하고 한나를 격분하게 만듭니다. 사람을 상대하다보니 하나님을 바라보며 하나님 앞에서 천국을 경험해야 하는 예배의 시간이 지옥으로 변해 버렸습니다. 하지만 한나는 하나님 앞에 나아가 모든 것을 쏟아냅니다. 우리에게 아픔과 슬픔과 절망과 결핍이 있다할지라도 그것 때문에 사람을 상대하면 지옥이 펼쳐지고 하나님을 상대하면 천국이 펼쳐집니다. 여기에 예외는 없습니다.

둘째는 '한나의 기도'입니다. 한나의 기도에는 브닌나에 대한 원망과 저주와 탄식이 없습니다. '나의 고통을 돌아보소서! 나를 잊지 마소서! 나를 기억하소서! 내게 아들을 주소서!' 한나의 기도에는 오직 하나님을 향한 기대와 소망이 가득합니다.

셋째는 '하나님을 향한 결단과 헌신'입니다. 한나는 자기 아들을 하나님께 내어드리겠다고 결단하고, 또 그 결단에 따라 헌신하였습니다. 이것이 바로 부모의 역할입니다. 여러분은 자녀를 어디에 내어드리고 있습니까? 한나는 그 자녀를 하나님께 올려드렸습니다. 어버이 주일을 맞아 부모가 된다는 것이 무엇인지 다시 생각해 봅니다. 부모가 된다는 것은 자녀들을 품고 복음을 따라 살아간다는 것을 의미합니다. 자기 멋대로 살아가고 싶어하는 자녀들을 품고 사랑하며 기도하는 것이 부모의 길입니다. 그 길이 바로 예수 그리스도께서 걸어가신 길입니다. 그래서 부모가 된다는 것은 복음을 따라 사는 삶이고 예수를 따라 사는 삶입니다.

Writing Jesus · Reading Jesus · **Sharing Jesus** · Praying Jesus

❶ 나는 자녀를 향한 하나님의 뜻을 신뢰하며, 맡기고 기도하는 믿음의 부모인가?

한나는 오랫동안 기도하여 얻은 아들을 하나님께 드리며, 엘리 제사장 앞에서 "이 아이를 위하여 기도하였더니"라고 고백합니다. 그녀는 사무엘을 자신의 소유가 아닌, 하나님의 선물로 받아들입니다.

나는 내 자녀를 내 뜻대로가 아닌, 하나님의 뜻대로 자라도록 인도하고 있는가? 하나님의 때와 계획을 신뢰하며 자녀를 위해 기도하고 있는가?

❷ 나는 부모로서 자녀를 하나님께 드리기로 한 약속을 끝까지 지키고 있는가?

한나는 서원한 대로 사무엘을 젖 뗀 후에 실로 성막에 데려가 드렸습니다. 그녀는 감정이나 상황에 흔들리지 않고, 하나님 앞에서 약속한 것을 지켰습니다.

나는 자녀에 대한 나의 기도와 서원을 진실하게 지키고 있는가? 신앙적 결단을 실제 삶에서 어떻게 실천하고 있는가?

Writing Jesus · □ Jesus · **Sharing Jesus** · Praying Jesus

❸ 나는 내 삶의 가장 소중한 것을 하나님께 드릴 수 있는 사람인가?

한나는 단순히 자녀를 낳는 것에서 그치지 않고, 그 아이를 온전히 하나님께 바치는 예배자의 삶을 보여줍니다. 그 결단은 부모 됨의 영광과 책임을 함께 보여주는 믿음의 본보기입니다.

 나는 내 인생의 가장 소중한 영역(자녀, 시간, 재물 등)을 하나님께 드릴 수 있는가? 나의 헌신이 하나님을 향한 사랑과 신뢰에서 비롯되고 있는가?

한나의 이야기를 통해 우리의 마음을 하나님 앞에 내려놓습니다. 어떤 경우에라도 하나님을 마주하고 하나님만 상대하기를 원합니다. 원망과 저주가 아니라 소망과 기대로 나아가기를 원합니다. 그리고 그 하나님께서 우리에게 응답하실 때, 우리도 한나처럼 '나도 하나님께 응답하리라!' 결단하며 하나님께 돌려 드릴 수 있는 참된 예배자가 되기를 부탁드리겠습니다.

하나님 아버지!
결핍과 아픔 속에서도 사람이 아니라
하나님께 나아가는 한나의 믿음을 생각하며,
우리의 자녀를 주님의 손에 맡기는 결단을 하게 하옵소서.
기도로 시작하여, 믿음으로 결단하고,
끝까지 헌신함으로 주님께 응답하는 부모가 되게 하옵소서.
우리의 힘과 지혜가 아니라 하나님이 주시는
은혜와 능력으로 가정이 세워지고, 교회가 세워지고,
다음 세대가 세워지게 하옵소서.
예수 그리스도의 이름으로 기도드립니다. 아멘!

Writing Jesus · Reading Jesus · Sharing Jesus · **Praying Jesus**

18

Writing Jesus · Reading Jesus · Sharing Jesus · Praying Jesus

만족과 기쁨의 이유

시편 16:1-11

¹ 하나님이여 나를 지켜 주소서 내가 주께 피하나이다 ² 내가 여호와께 아뢰되 주는 나의 주님이시오니 주 밖에는 나의 복이 없다 하였나이다 ³ 땅에 있는 성도들은 존귀한 자들이니 나의 모든 즐거움이 그들에게 있도다 ⁴ 다른 신에게 예물을 드리는 자는 괴로움이 더할 것이라 나는 그들이 드리는 피의 전제를 드리지 아니하며 내 입술로 그 이름도 부르지 아니하리로다 ⁵ 여호와는 나의 산업과 나의 잔의 소득이시니 나의 분깃을 지키시나이다 ⁶ 내게 줄로 재어 준 구역은 아름다운 곳에 있음이여 나의 기업이 실로 아름답도다 ⁷ 나를 훈계하신 여호와를 송축할지라 밤마다 내 양심이 나를 교훈하도다 ⁸ 내가 여호와를 항상 내 앞에 모심이여 그가 나의 오른쪽에 계시므로 내가 흔들리지 아니하리로다 ⁹ 이러므로 나의 마음이 기쁘고 나의 영도 즐거워하며 내 육체도 안전히 살리니 ¹⁰ 이는 주께서 내 영혼을 스올에 버리지 아니하시며 주의 거룩한 자를 멸망시키지 않으실 것임이니이다 ¹¹ 주께서 생명의 길을 내게 보이시리니 주의 앞에는 충만한 기쁨이 있고 주의 오른쪽에는 영원한 즐거움이 있나이다

¹ Keep me safe, O God, for in you I take refuge. ² I said to the LORD, 'You are my Lord; apart from you I have no good thing.' ³ As for the saints who are in the land, they are the glorious ones in whom is all my delight. ⁴ The sorrows of those will increase who run after other gods. I will not pour out their libations

Writing Jesus · Reading Jesus · Sharing Jesus · Praying Jesus

Writing Jesus · Reading Jesus · Sharing Jesus · Praying Jesus

of blood or take up their names on my lips. ⁵ LORD, you have assigned me my portion and my cup; you have made my lot secure. ⁶ The boundary lines have fallen for me in pleasant places; surely I have a delightful inheritance. ⁷ I will praise the LORD, who counsels me; even at night my heart instructs me. ⁸ I have set the LORD always before me. Because he is at my right hand, I will not be shaken. ⁹ Therefore my heart is glad and my tongue rejoices; my body also will rest secure, ¹⁰ because you will not abandon me to the grave, nor will you let your Holy One see decay. ¹¹ You have made known to me the path of life; you will fill me with joy in your presence, with eternal pleasures at your right hand.

Writing Jesus · Reading Jesus · Sharing Jesus · Praying Jesus

Writing Jesus · **Reading Jesus** · Sharing Jesus · Praying Jesus

만족과 기쁨의 이유

　시편 16편의 표제는 '다윗의 믹담'이라고 되어 있습니다. '믹담'은 '마음에 새겨진 노래'라는 뜻과 '금과 같이 귀한 고백'이라는 뜻이 있습니다. 그러므로 '다윗의 믹담'이라는 것은 다윗의 마음에서부터 우러나오는 마음에 새겨진 노래로, 무엇보다도 하나님 앞에 금과 같이 귀한 고백입니다. 시편 16편 전체 내용은 고난 중에 더욱 빛나는 신앙을 이야기합니다. 고난 가운데 있음에도 불구하고 오히려 그 심령 속에 새겨지는 하나님을 향한 신뢰 고백이 '믹담'이라는 표현 속에 담겨 있습니다. 그러므로 본문 시편 16편은 다윗이 그의 삶의 여정에서 고난의 시간들을 통과하면서 그의 마음 깊은 곳에서 우러나온 시로, '하나님이여 나를 지켜 주소서 내가 주께 피하나이다(시 16:1)'라는 첫 소절부터 다윗의 절실함과 간절함을 느낄 수 있습니다.

　현대인들은 불안과 위협 속에서 각자 피할 곳을 찾습니다. 건강이나 명예나 인맥이나 돈이나 각자 숨을 수 있고 피할 수 있는 방법들을 생각합니다. 하지만 그 모든 것에는 한계가 있기 마련입니다. 다윗은 본문을 통해서 '오직 하나님만이 나의 피난처이시고 나의 기업이시고 나의 영원한 기쁨이십니다!'

외치고 있습니다. 다윗의 고백을 따라가 보겠습니다.

'하나님이여 나를 지켜 주소서 내가 주께 피하나이다 내가 여호와께 아뢰되 주는 나의 주님이시오니 주밖에는 나의 복이 없다 하였나이다(시 16:1-2)'

거센 비바람 앞에, 금방이라도 날아가 버릴 것 같은 불안함과 두려움 앞에서, 다윗은 피할 곳을 찾고 있습니다. 하나님의 백성이 큰 어려움을 당할 때, 피할 곳은 어디일까요? 우리의 삶 가운데서도 갑작스럽게 닥친 고난이나 우리가 감당하기 어려운 어떤 일을 당하게 되면 우리는 두려움과 불안함으로 떨 수밖에 없습니다. 그럴 때 우리가 피할 수 있는 곳은 바로 하나님의 말씀입니다.

우리는 때때로 예기치 못한 상황에 노출되고 뜻하지 않은 사고를 당하기도 합니다. 갑자기 건강이 나빠지기도 하고, 우연히 병원에 갔다가 큰 병임을 확인하게 되는 상황을 맞이하기도 하고, 그 병으로 사랑하는 가족과 슬픈 이별을 경험하기도 합니다. 이럴 때 우리는 정신을 차리기 어려울 수도 있고, 감정을 추스르기 힘들 수도 있습니다. 할 수 있는 모든 방법을 동원해서 피해 보려 하지만 피할 수 없는 그런 상황 가운데, 하나님의 백성들은 '마침내' 하나님의 말씀을 붙들게 됩니다. 지금 다윗은 그런 간절한 심정을 노래합니다. 하나님의 말씀은 어둠을 뚫고 들어옵니다. 우리의 마음을 밝혀 줍니다. 그리고 위로를 줍니다. 이전까지는 그냥 문장으로만 읽고 말로만 알고 있었고 그저 좋은 말씀으로만 듣고 있었던 성경 말씀이, 격렬한 고난과 고통의 순간에는 생생하게 살아서 우리의 영혼에 다가옵니다. 우리의 마음을 확 사로잡습니다.

하나님의 백성이 고난 때문에 발견하게 되는 가장 위대한 것이 무엇일까요? 바로 하나님의 말씀은 살아 있다는 사실입니다. 여기에 하나님의 섭리와 지혜가 있습니다. 고난 가운데 있지만, 그 고난의 과정을 지나면서 하나님의 말씀이 살아 있음을 깨닫게 되고, 그 깨달음을 통해 이 땅에 소망을 두지 않고 하늘에 소망을 두고 살아갈 수 있는 성숙한 성도로 변화됩니다. 그래서 다윗은 '주는 나의 주님이시오니 주밖에는 나의 복이 없다(시편 16:2)'라고 고백합니다. 다윗의 이 고백은 어찌 보면 상투적인 표현 같지만 고난을 통해 확신하게 되는 보석과 같은 신앙고백입니다.

다윗은 이전에도 하나님을 알고 있었고 하나님을 향해 '나의 주님'으로 고백했을 것입니다. 그러나 '다윗의 믹담'이라는, 마치 금메달과도 같은 신앙 고백이 나온 것은 고난 때문입니다. 고난의 가치는 어떤 것일까요? 고난은 고난으로 끝나지 않습니다. 고난 때문에 주님을 '나의 주님'으로, 살아계신 하나님으로, 의의 하나님으로, 은혜의 하나님으로 경험하게 됩니다. 그리고 이런 경험을 통해 영안이 열리기 시작합니다. 나의 기도가 응답으로 나타나고, 응답으로 말미암아 온전히 하나님께로 돌아가게 되는 회개가 일어납니다. 진정한 회개의 본질은 죄의식을 갖고 애통해 하는 것만이 아니라 하나님께로 돌이키는 것입니다. 하나님 앞에 나아가 하나님을 찾고 하나님을 붙드는 것이 진짜 회개입니다. 우리의 진짜 회개는 바로 하나님의 살아계심을 깨닫게 될 때 일어나게 됩니다.

또 다윗은 '땅에 있는 성도들은 존귀한 자들이니 나의 모든 즐거움이 그들에게 있도다 다른 신에게 예물을 드리는 자는 괴로움이 더할 것이라 나는 그들이 드리는 피의 전제를 드리지 아니하며 내 입술로 그 이름도 부르지 아니하리로다(시 16:3-4)' 노래합니다. 그런데 왜 하필 '땅에 있는 성도'라고 하였을까요?

성도는 원래 하늘에 있어야 합니다. 왜냐하면 예수 그리스도로 말미암아 하늘에 속한 사람들이 되었기 때문입니다. 그런데 우리는 여전히 땅에 살고 있습니다. 그러니 성도가 땅에서 살아야 한다는 그 자체가 고난입니다. 하늘에 속한 사람들이 땅에서 사탄, 마귀의 공격과 죄인들이 들끓는 이곳에서 성도로서 살아가는 것이 이미 고난인 것입니다. 그뿐만 아니라 예수님께서도 말씀하신 것처럼, 우리에게는 핍박도 있습니다. 그러므로 '땅에 있는 성도'라는 말에서 깊은 고생과 수고로운 호흡으로 가쁜 성도의 숨소리를 느낄 수 있습니다.

세상 사람들은 아이돌에 환호하고 스타 선수들과 유명 기업가들과 노벨상 수상자들에게 환호하지만, 그 누구도 이 세상 가운데 꾸역꾸역 믿음으로 살아가고 있는 땅의 성도들을 주목하지 않습니다. 놀라운 것은 세상이 주목하지 않는 바로 이런 사람들이 하나님 앞에서는 가장 존귀한 자들이라는 사실입니다. 왜 하나님께서는 이렇게 고난 당하는 성도들을 존귀하게 여기시는 것일까요? 그것은 고난이 우리의 위선의 껍질을 벗겨 버리기 때문입니다. 우리가 아무리 그럴듯한 모습으로 우리 자신을 포장한다고 할지라도 고난 앞에서는 우리의 실체가 드러나기 마련입니다. 거대한 고난의 쓰나미 앞에서는 '살려주세요!'를 외칠 수밖에 없습니다. 이런 고백이 우리의 진심이 될 때, 우리의 위선은 다 소멸되고 사라집니다.

우리의 자아는 얼마나 단단한지 모릅니다. 하지만, 고난은 우리의 단단한 자아의 껍질들을 다 벗겨내고, 그것보다 비교할 수 없이 더 중요한 하나님의 말씀으로 우리의 내면을 차곡차곡 채웁니다. 하나님께서는 이같은 성도의 모습을 보시고 그들을 존귀하게 여기십니다. 우리는 하나님 보시기에 존귀한 사람들입니다. 영적인 안목이 있는 사람들은 누가 하나님의 말씀으로 충만한 사람인지 알 수 있습니다. 영적 안목은 그런 고난을 경험해 본 사람이 가질 수 있습니다. 다윗 주변에는 각양각색의 수많은 사람이 있었을 것입니다. 그런데 지금 다윗의 눈에 가장 소중하고 존귀하게 여겨지는 사람은 하나님의 말씀이 그 안에 가득 차서 주님을 열망하는 사람입니다. 다윗은 바로 그 사람을 보면서 '나의 모든 즐거움이 그들에게 있도다(시 16:3)' 이야기합니다. 우리도 서로를 이렇게 바라볼 수 있으면 좋겠습니다.

'하나님을 간절히 찾고, 그 갈망 속에 하나님의 말씀을 정말로 꼭 붙잡고 계시는 성도님은 정말 보배와 같은 분이십니다!'

우리가 이렇게 서로를 발견하며 하나님의 시선으로 서로의 위로가 될 수 있기를 바라겠습니다.

'여호와는 나의 산업과 나의 잔의 소득이시니 나의 분깃을 지키시나이다 내게 줄로 재어 준 구역은 아름다운 곳에 있음이여 나의 기업이 실로 아름답도다(시 16:5-6)'

하나님의 말씀을 붙들고 말씀의 충만함을 바라고 하나님을 주목하는 이유를, 다윗은 '여호와는 나의 산업'이기 때문이라 말합니다. 우리가 '산업'이라고 할 때는 그것으로 나에게 어떤 생산적인 이익이 생길 때를 말합니다. 그렇다면, 하나님이 어떻게 나의 산업이 되실 수 있을까요? 유명 아이돌이나 운동 선수, 유명 연예인 한 명의 몸값은 상상을 초월하는데, 그 한 명을 위해 수많은 스태프들이 움직이고 있습니다. 유명 인사 한 명이 수많은 스태프들에게는 산업이 됩니다. 하나님이 나의 산업이 된다는 것은 내가 하나님께 붙어서 하나님께서 주시는 좋은 것들을 나누어 가짐으로 내가 생존하고 살아가기 때문에 하나님은 나의 산업이라고 말할 수 있습니다.

산업의 소득은 내게 분배해 주신 것입니다. 내게 주어진 몫입니다. 하나님께서 주신 것은 아름답습니다. 아름답게 느낄 수 있는 것을 하나님께서 주신 것이 아니라, 하나님께서 주셨기 때문에 아름답습니다. 우리의 배우자도, 우리의 자녀도, 우리가 속한 교회도 하나님께서 우리에게 허락하셨기 때문에 아름다운 것입니다. 이 모든 것도 우리가 머리로는 이해할 수 없지만 고난을 통해 하나님의 말씀으로 우리가 채워지고 하나님의 마음이 나를 사로잡을 때, 원수도 변하여 친구가 될 수 있는 것입니다. 우리가 하나님을 발견하고 하나님을 깨달을 때, 하나님의 말씀이 살아서 나의 마음을 변화시킬 때, 비로소 하나님이 주신 것이 아름다운 것이라 깨닫게 됩니다.

그래서 다윗은 '나를 훈계하신 여호와를 송축할지라 밤마다 내 양심이 나를 교훈하도다 내가 여호와를 항상 내 앞에 모심이여 그가 나의 오른쪽에 계시므로 내가 흔들리지 아니하리로다(시 16:7-8)'말합니다. 하나님의 말씀이 우리를 온전히 사로잡을 때, 우리 안에 하나님의 말씀이 충만해지면, 시도 때도 없이 하나님께서 지혜를 주십니다. 모든 상황 속에서 순간마다 주시는 하나님의 지혜를 경험하게 됩니다. 지금 다윗은 이것을 경험하고 있습니다. '밤마다 내 양심이 나를 교훈하도다' 여기서 '밤'은 혼자 있는 시간이기도 하고 고난을 뜻하기도 합니다. 혼자 있을 때나 고난 가운데 있을 때라도 살아있는 하나님의 말씀을 경험한 내 양심이 나에게 '지금 내가 하나님을 찾고 있는 이 시간이 하나님 앞에서 복이다'라고 훈계하고 있다는 것입니다. 다윗은 여호와를 항상 내 앞에 모셨다고 말합니다. 이는 마주한다는 뜻도 있겠지만, 여기서는 하나님이 내 앞서가시고 내가 하나님의 뒤를 따라간다는 뜻입니다. 그러니 내가 안전하고 평안합입니다. 하지만 우리는 종종 하나님을 앞지르려고 합니다. 내가 똑똑한 사람이라는 것을 인정받고 싶어합니다. 그런 위험에 빠지면 결국 우리는 그릇된 길로 빠지거나 넘어지고 쓰러집니다. 항상 하나님을 내 앞에 모시므로 누리는 평안함과 안전함 가운데 우리가 날마다 거하기를 원합니다.

하나님이 항상 내 앞에 계시고 내 오른쪽에서 나를 보호하신다는 사실을 깨달은 다윗은 이렇게 고백합니다.

'이러므로 나의 마음이 기쁘고 나의 영도 즐거워하며 내 육체도 안전히 살리니 이는 주께서 내 영혼을 스올에 버리지 아니하시며 주의 거룩한 자를 멸망시키지 않으실 것임이니이다(시 16:9-10)'

그런데 이 고백이 중요한 것은 예수 그리스도의 메시지와 연결되어 있기 때문입니다. 이 말씀은 사도행전 2장의 베드로의 설교(행 2:25-28)에서 인용되어 예수님의 부활을 증거하는 데 사용됩니다. 그래서 시편 16편은 성육신에 대한 예고편이기도 합니다. 예수님께서는 하늘에 속한 하나님이신데, 인간의 몸을 입고 땅에 오셔서 가장 낮은 모습으로 사셨습니다. 그리고 수많은 비난과 정죄하는 자들과 논쟁하시고 죽임을 당하셨고 처절한 고통과 고난을 당하셨지만, 예수님의 영혼은 스올에 버림받지 않고 멸망 당하지 않으셨습니다. 하나님은 이 사실을 우리에게 깨닫게 해주심으로 우리에게 소망을 주십니다. 지금 고난 가운데 있다고 할지라도 이 고난으로 말미암아 내 안에 예수께서 계시고. 하나님의 말씀이 쌓이고 그 말씀을 품고 살아갈 수 있다면 나는 결코 썩지 않고 망하지 않을 것이다, 넘어지지 않을 것이라는 소망을 주십니다. 그래서 우리는 예수님을 만나야 합니다.

우리의 인생에서 쓸모없는 시간은 없습니다. 모든 시간은 우리에게 필요한 시간입니다. 내가 생각하기에는 쓸모없는 시간이고 무의미한 시간처럼 보일지라도 그 시간이 하나님의 계획 속에서는 꼭 필요한 시간이고 경험해야만 하는 시간입니다. 그리고 그 모든 상황을 지나야만 비로서 깨달아지는 하나님을 만나게 되는 시간입니다.

혹시 고난 가운데 계십니까? 그 시간을 낭비하지 않으시기를 바랍니다. 고통 중에 계십니까? 그 시간을 그냥 보내지 않으시기를 바랍니다. 그 시간을 통해 하나님을 경험하시기를 바랍니다. 하나님의 임재를 간구하시기를 바랍니다.

마지막으로 다윗은 '주께서 생명의 길을 내게 보이시리니 주의 앞에는 충만한 기쁨이 있고 주의 오른쪽에는 영원한 즐거움이 있나이다(시16:11)'라고 고백합니다.

'주께서 생명의 길을 내게 보이신다'라는 것은 전에는 볼 수 없었던 길을 보여주신다는 뜻입니다. 고난을 시작할 때는 볼 수 없었던 길이었는데 고난을 지나가면서 보게 되었다는 것입니다. 홍해를 마주한 이스라엘 백성들은 홍해 밑바닥에 길이 있을 줄 몰랐습니다. 하지만 애굽의 군대가 밀어닥쳤을 때 보이지 않던 길이 바로 그 순간에 보이더라는 것입니다. ✆

Writing Jesus · Reading Jesus · **Sharing Jesus** · Praying Jesus

❶ 나는 무엇을 나의 피난처로 삼고 살아가고 있는가?

다윗은 하나님을 자신의 '주님', '나의 기업', '나의 잔'이라 고백하며, 오직 하나님만이 참된 피난처임을 고백합니다.

내가 진짜 위기 앞에 설 때 가장 먼저 찾는 피난처는 무엇인가? 하나님보다 앞서 의지하거나, 하나님 없이도 괜찮다고 여기는 대상은 없는가? '주는 나의 주님이시니, 주 밖에는 나의 복이 없다'는 고백이 내 안에 진실한가?

❷ 나는 내게 주어진 삶의 경계 안에서 감사하고 있는가?

다윗은 '내게 줄로 재어준 구역은 아름다운 곳에 있음이여'라고 고백합니다. 그의 환경이 완벽했기 때문이 아니라, 하나님이 계신 자리였기 때문입니다.

나는 지금의 삶의 자리에서 감사하고 있는가, 아니면 불평하고 있는가? 하나님이 나를 인도하신 위치와 환경 속에서 그분의 선하심을 신뢰하고 있는가? 비교와 욕심이 아닌, 주님 안에서의 '경계선 안의 기쁨'을 누리고 있는가?

Writing Jesus · Reading Jesus · **Sharing Jesus** · Praying Jesus

❸ 나는 죽음을 넘어선 영원한 기쁨을 바라보며 살아가고 있는가?

다윗은 '주의 앞에는 충만한 기쁨이 있고 주의 오른쪽에는 영원한 즐거움이 있다'고 고백합니다. 이는 단순한 현실 회복이 아니라 부활 신앙을 반영하는 고백입니다.

나는 지금, 영원을 준비하는 신앙의 눈으로 오늘을 살아가고 있는가? 죽음 이후의 소망이 내 현실의 어려움보다 더 크고 실제적인가? 부활의 주님이 주시는 영원한 기쁨과 즐거움을 기억하며 살아가고 있는가?

염려와 탄식으로 시작했던 고통의 시편이 하나님의 일하심에 대한 기대와 기쁨과 그의 곁에 있는 영원한 즐거움을 소망하는 것으로 끝납니다. 왜냐하면 지금은 보이지 않지만, 분명히 생명의 길을 내게 보여 주실 것이라는 기대가 있기 때문입니다. 우리의 눈을 열어 그 길을 보게 하실 줄 믿습니다. 염려와 근심으로 우리가 시작했다면, 하나님의 일하심을 우리가 믿고 깨달아 기쁨과 즐거움으로 우리의 인생을 마무리하게 하실 것을 기대하며 찬양으로 나아갑시다!

하나님 아버지!
다윗의 기도처럼, 주님을 나의 주님이라고 고백하며
주밖에는 나의 복이 없음을 인정하게 하시고,
주의 말씀을 붙들어 흔들리지 않는 믿음을 주옵소서.
주님을 항상 내 앞에 모시고
주의 오른쪽에서 보호하심을 신뢰하게 하시며,
고난 중에도 주의 생명의 길을 바라보게 하옵소서.
예수 그리스도의 부활로 영원한 즐거움과 안전을 누리며
주 안에서 기뻐하게 하옵소서.
예수 그리스도의 이름으로 기도드립니다. 아멘!

Writing Jesus · Reading Jesus · Sharing Jesus · **Praying Jesus**

19

Writing Jesus · Reading Jesus · Sharing Jesus · Praying Jesus

나의 중보자가 계시오니

욥기 16:19-22

19 지금 나의 증인이 하늘에 계시고 나의 중보자가 높은 데 계시니라 **20** 나의 친구는 나를 조롱하고 내 눈은 하나님을 향하여 눈물을 흘리니 **21** 사람과 하나님 사이에와 인자와 그 이웃 사이에 중재하시기를 원하노니 **22** 수년이 지나면 나는 돌아오지 못할 길로 갈 것임이니라

19 Even now my witness is in heaven; my advocate is on high. **20** My intercessor is my friend as my eyes pour out tears to God; **21** on behalf of a man he pleads with God as a man pleads for his friend. **22** 'Only a few years will pass before I go on the journey of no return.

Writing Jesus · Reading Jesus · Sharing Jesus · Praying Jesus

Writing Jesus · **Reading Jesus** · Sharing Jesus · Praying Jesus

나의 중보자가 계시오니

 우리가 인생을 살아가다 보면 기쁘고 행복한 일도 있지만, 뜻하지 않은 고난이나 어려움들이 찾아오기도 하고, 억울하거나 답답한 상황을 만나기도 합니다. 이런 상황에서 우리는 스스로 문제를 해결해 보려고 노력하지만, 역부족일 때가 많습니다. 그런 상황에서는 내 형편 좀 알아주는 사람 없을까? 나 좀 위로해 주는 사람 없을까? 이런 바람을 갖기도 합니다. 하나님을 믿는 우리도 예기치 못한 고난을 당할 때는 '하나님께서 왜 이런 고난을 허락하셨을까?' 하는 생각이 듭니다. 그럴 때, 하나님께서 정말 속시원하게 말씀해 주시면 좋겠는데, 막상 하나님을 찾으려 해도 하나님께 닿을 수가 없습니다. '하나님 나 좀 만나 주시지' 싶은 마음이 있어도 특별히 나를 만나 주시지도 않은 것 같아서 답답합니다. 어떤 때는 하나님의 은혜를 체험하기도 하지만 하나님의 뜻이 너무 깊어 그분의 뜻을 헤아리기가 너무 어려운 순간들도 있습니다. 욥이 지금 딱 그런 심정입니다.

 욥은 하나님을 경외하는 사람으로 죄를 짓지 않으려고 애쓰며, 지은 죄는 즉시로 회개하는 참 신실한 사람이었고 하나님께서는 그런 욥을 너무나 사랑하십니다.

'여호와께서 사탄에게 이르시되 네가 내 종 욥을 주의하여 보았느냐 그와 같이 온전하고 정직하여 하나님을 경외하며 악에서 떠난 자는 세상에 없느니라(욥 1:8)'

이처럼 욥은 하나님의 자랑입니다. 그런데 하나님께서 욥을 자랑하자 사탄이 이를 비아냥거리며 '욥이 어찌 까닭 없이 하나님을 경외하리이까 주께서 그와 그의 집과 그의 모든 소유물을 울타리로 두르심 때문이 아니니이까 주께서 그의 손으로 하는 바를 복되게 하사 그의 소유물이 땅에 넘치게 하셨음이니이다(욥 1:9-10)'라고 말합니다. 그래서 하나님께서는, 첫째는 그의 몸에는 손 대지 말라고 하셨고(욥 1:12), 둘째는 그의 생명은 해하지 말라(욥 2:6)고 하시며 욥을 사탄의 손에 맡기십니다. 하나님께서 이를 허락하신 이유는, 사탄은 비아냥거렸을망정 욥이 하나님을 사랑하는 데는 다른 이유가 없다는 자신감이 있으셨기 때문입니다.

이후의 욥기의 내용은 하나님을 사랑하는 데 이유가 없는 순전한 욥의 사랑을 하나하나 입증해 나가는 과정입니다. 이해할 수 없는 힘든 어려움이 있다고 할지라도 욥은 하나님을 변함없이 사랑하고 있음을 우리에게 보여 줍니다. 욥기를 읽으면서 우리에게는 열심히 욥을 응원하는 마음도 생깁니다. 왜냐하면 하나님의 천상 회의(욥 1-2장)를 관전하면서 욥이 왜 고난을 받고 있는지를 알게 되었기 때문입니다. 하지만 문제는 당사자인 욥 자신입니다.

욥은 자기가 왜 이런 고난을 당하고 있는지 알지 못합니다. 더더구나 하나님께서 자기를 얼마나 사랑하고 계시는지, 얼마나 자랑스러워 하시는지도 전혀 알지 못하고, 하나님의 자랑으로 사탄이 어떤 시비를 걸었는지도 욥은 전혀 아무것도 모릅니다. 그저 일방적으로 당하고 있습니다. 하루아침에 재산과 자녀와 건강을 잃게 되었고, 마침내 아내마저 욥을 저주하며 떠나버립니다. 친구들은 욥을 위로하기는커녕 욥을 책망하고 비난합니다. 그 어디에도 욥을 이해하고 공감해 주는 사람은 찾을 수가 없습니다.

 욥의 세 친구는 욥의 고난이 욥의 죄 때문이라고 주장하였고 마지막에 등장하는 엘리후는 욥의 고난이 욥을 겸손하게 하기 위함이라고 주장합니다. 그러나 욥은 그 모든 일에 대해서 자기가 고난 당하는 이유를 알 수 없다고 말합니다. 어서 하나님을 만나 그 이유를 들었으면 좋겠다고 말합니다. 욥이 더욱 답답한 것은 하나님은 초월하신 분이시고 자기는 인간이기에 하나님 앞에 나아갈 수도 없고, 스스로 변호도 할 수 없는 자신의 한계 때문입니다. 그래서 욥은 자기를 위해 변호해 줄 수 있는 그런 존재가 있었으면 좋겠다고 말합니다.

 '하나님은 나처럼 사람이 아니신즉 내가 그에게 대답할 수 없으며 함께 들어가 재판을 할 수도 없고 우리 사이에 손을 얹을 판결자도 없구나(욥 9:32-33)'

 개역개정 성경에서는 '판결자'로 번역하고 있는데, 바른 성경에서는 '우리 둘 위에 손을 얹고 우리 사이에서 중재할 이가 없구나(욥 9:33)'라고 번역하고 있습니다. 지금 욥은 자기를 변호해 주고 자기 처지를 이해해 줄 중재자가 없음을 속상해합니다. 그런 사람이 있었으면 좋겠다고 하소연합니다.

 성경에 보면, '기업을 무른다'라는 말이 있습니다. 히브리어로 '고엘'이라고 하는데, 이스라엘 백성들은 조상으로부터 받은 땅을 자기 마음대로 팔지 못하도록 법으로 금지하였습니다. 그래서 형편이 어려워진 사람들은 팔 수 있는 땅이 있어도 팔지 못하므로 그 땅을 담보로 돈을 꾸었고, 갚을 형편이 못 되면 자식들이나 가족이나 심지어 자기 자신도 노예로 팔려갔습니다. 그래서 이러한 문제를 해결하기 위해 만들어진 법이 가까운 친족 중 누군가가 그 땅을 대신 사주어 빚을 갚을 수 있도록 하였는데, 이처럼 자기를 재정적으로 변론해 주고 중재해 줄 사람을 세우는 제도가 바로 '고엘'입니다. 지금 욥은 자기를 중재해 줄 고엘을 찾고 있는데 그 누구도 고엘이 되어 주지 않는 상황 때문에 그의 좌절이 깊어집니다.

욥기를 읽을 때 마음이 힘들어지는 이유 중의 하나는 욥과 욥의 친구 세 명의 긴 말싸움 때문입니다. 3대1로 싸우고 있지만 욥은 절대 지지 않습니다. 욥기에는 욥의 친구들의 말보다 욥이 한 말이 훨씬 더 많습니다. 그런데 말싸움의 과정에서 정말 놀라운 변화가 일어납니다. 지리한 말싸움이 그냥 무의미하게 계속되는 것이 아니라 시간이 지날수록 욥의 영적 껍질들이 벗겨진다는 것입니다. 나를 변호해 줄 중재자가 없다고 말했던 욥은 '지금 나의 증인이 하늘에 계시고 나의 중보자가 높은 데 계시니라(욥 16:19)'라고 고백합니다. 또 욥은 그 중보자가 '나의 친구는 나를 조롱하고 내 눈은 하나님을 향하여 눈물을 흘리니 사람과 하나님 사이에와 인자와 그 이웃 사이에 중재하시기를 원한다(욥 16:20-21)'라고 합니다. 그리고 욥은 더 영적 껍질이 벗겨지면서 '내가 알기에는 나의 대속자가 살아 계시니 마침내 그가 땅 위에 서실 것이라 내 가죽이 벗김을 당한 뒤에도 내가 육체 밖에서 하나님을 보리라 내가 그를 보리니 내 눈으로 그를 보기를 낯선 사람처럼 하지 않을 것이라 내 마음이 초조하구나(욥 19:25-27)'라고 말합니다.

여기서 우리말로 번역된 '내 마음이 초조하구나' 하는 말을, 영어 성경에서는 'How my heart yearns within me!(NIV)'로 번역하고 있습니다. 지금 욥의 마음은 초조한 것이 아니라 중재자를 간절히 사모하고 있음을 표현한 것입니다. 욥은 친구들과 논쟁에서 자기의 답답함을, 처음에는 '중재자가 없다'라고 했다가 그다음 단계에서는 '나의 중재자가 높은 곳에 계신다'라고 했는데, 이제는 '그 중재자를 간절히 사모하고 열망하고 있다'라고 말합니다. 욥은 그 중재자가 '예수 그리스도'이신 줄 알지 못합니다. 구약의 한계입니다. 하지만 신약시대를 살아가는 우리는 바로 그 중재자, 중보자가 예수 그리스도이심을 압니다. 예수님께서 나를 위해 중보해 주시고, 중재해 주시고, 그 예수님께서 나를 도우신다는 사실을 확실하게 깨달은 우리는 욥보다 훨씬 놀라운 진리를 갖게 된 사람들입니다.

'하나님은 한 분이시요 또 하나님과 사람 사이에 중보자도 한 분이시니 곧 사람이신 그리스도 예수라(딤전 2:5)'

예수 그리스도만이 우리의 유일한 중보자이십니다. 예수님은 참사람이신 동시에 참 신이십니다. 한 인격 안에 어떻게 무한한 하나님의 신성과 유한한 인간의 속성이 공존할 수 있는지 우리의 이성으로는 이해할 수 없는 진리입니다. 하나님의 전능하심과 권능과 섭리 가운데 그리스도 예수는 참 하나님이시면서 동시에 인간의 몸을 입고 이 땅에 오신 참 인간이십니다. 그렇다면, 예수님께서는 왜 이렇게 신성과 인성을 동시에 가지셔야만 했을까요?

우리가 다른 사람을 이해한다고 할 때는 그 사람의 입장이 되어야만 이해할 수 있습니다. 예수님은 하나님이시기 때문에 하나님 아버지의 마음과 속성과 성품을 헤아리실 수 있고, 또한 인간이시므로 인간이 얼마나 나약하고 연약한 존재인지를 다 이해하십니다. 그러므로 중재가 이루어질 수 있습니다. 하나님 아버지와 죄인인 우리를 화해시키시고 중재하시고 우리를 변호하시기 위해 성육신하셨고, 또 십자가에 달려 돌아가셨습니다.

기독교의 상징인 십자가는 죄를 집행했던 형틀이었고 사형 도구로 혐오스러운 대상입니다. 그런 십자가가 어떻게 기독교의 상징이 될 수 있었을까요? 그것은 십자가 형틀에서 돌아가신 예수 그리스도께서 이루신 그 일이, 십자가의 형상 가운데 고스란히 드러나고 있기 때문입니다. 예수님은 하나님 아버지와 죄인인 우리 사이를 세로로 이으면서 중보하시고 중재하십니다. 그리고 이웃과 이웃, 사람과 사람 사이를 가로로 이으면서 갈등과 다툼을 중보하시고 중재하십니다. 이 일을 예수님께서 이루신 것입니다. 그러므로 예수님은 우리가 하나님 아버지께로 이르는 영원한 길을 열어 주셨고 지금도 하나님 보좌 우편에서 우리를 위해 간구하고 계십니다.

우리가 신앙생활을 하다 보면, 어떤 분들은 교회로 인도하는 사람의 청을 거절하지 못해 억지로 따라오시는 분들도 있습니다. 배우자나 자녀들이 인도자의 잔소리가 무서워 억지로 끌려 나오는 일도 있습니다. 그렇지만 여전히 변하지 않는 그들의 모습에 지쳐서 인도자가 그 잡은 손을 놓아 버리는 그 순간에도, 예수님은 계속 기도하고 계십니다. '아버지, 제가 저 사람을 위해 죽었습니다. 저 사람을 위해 십자가에서 피 흘렸습니다, 그러니 아버지! 저 사람의 죄를 사하여 주옵소서! 저 사람을 더욱 사랑하여 주옵소서!' 예수님께서는 이처럼 하나님의 보좌 우편에서 우리를 위해 기도하십니다.

예수님께서는 기도할 뿐만 아니라 '내가 아버지께 구하겠으니 그가 또 다른 보혜사를 너희에게 주사 영원토록 너희와 함께 있게 하리니(요 14:16)' 말씀하십니다. 다른 보혜사는 성령님을 뜻합니다. 저도 처음에는 보혜사를 그냥 '보혜사'라는 단어로만 이해했다가 어느 순간, 하나님께서는 천지를 창조하시던 그때부터 욥기를 지나 지금에 이르기까지 일관되게 우리를 도울 분을 보내주신다는 것을 깨닫게 되었습니다. 이 보혜사라는 말속에 '고엘'이라는

'기업 무를 자, 나를 중재할 자, 나를 변호할 자'라는 뜻이 내포되어 있습니다.

'이와 같이 성령도 우리의 연약함을 도우시나니 우리는 마땅히 기도할 바를 알지 못하나 오직 성령이 말할 수 없는 탄식으로 우리를 위하여 친히 간구하시느니라(롬 8:26)' 말씀하십니다. 여기서 말씀하신 그 성령이 바로 우리 안에 머무시며, 우리가 어찌할 바를 모를 때 우리를 도우시는 분이십니다. 우리 가운데는 육신의 병으로, 마음의 병으로, 영혼의 병으로, 관계의 병으로 너무나 고통스러운 시간을 보내는 분들이 계십니다. 하나님을 부르기도 힘들 때가 있습니다. 하나님! 어디 계십니까? 도와주세요!라는 말조차 하기 어려운 순간이 있습니다. 그저 눈물만 흐르는 순간이 있습니다. 그런 순간에도 우리 안에 계시는 성령님께서 우리를 위해 기도하시며 돕고 계십니다.

욥은 너무나 곤고하고 답답한 상황 속에서 철저히 혼자라고 느낍니다. 아무도 자신의 상황을 알아주지 않는다고 생각하며 중재자가 어디 있느냐고 했지만, 모든 고난을 통해 욥이 깨달은 것은 이땅에 있는 그 누구도 나를 이해해 주지 못한다고 할지라도 하나님 보좌 앞에서 나를 위해 중재해 주는 분이 계신다는 사실입니다.

그렇습니다. 우리는 혼자가 아닙니다. 나를 이해해 주실 분, 나를 위해 중재해 주시는 예수 그리스도가 우리와 함께하십니다. 그런데 욥은 이 사실을 평안한 가운데서 깨달은 것이 아니라 고난 가운데서 깨닫습니다.

다음으로 하나님의 섭리가 놀라운 것은 하나님 앞에서 나를 변호해 줄 사람이 어디에 있는가 부르짖던 욥이 중보자를 찾던 모습에서 중보자의 모습으로 변화된다는 것입니다. 욥은 도와줄 사람을 찾던 모습에서 도와주는 모습으로 변하였습니다.

'욥이 그의 친구들을 위하여 기도할 때 여호와께서 욥의 곤경을 돌이키시고 여호와께서 욥에게 이전 모든 소유보다 갑절이나 주신지라(욥 42:10)'

욥과 그의 세 친구는 논쟁하는 과정에서 친구가 아니라 원수가 되었습니다. 그러나 하나님께서는 욥에게 원수 같은 친구들을 위해 기도하라고 말씀하십니다. 절대 용서할 수 없을 것 같았던 욥의 마음이 고난의 시간을 통해, 자신의 답답함과 자신의 속상함을 아뢰어 줄 중보자를 발견하고 그 중보자로 말미암아 소망이 있음을 깨달으며 욥은 변화됩니다. 원수를 위해서 기도할 수 있는 중보자로 변합니다. 하나님의 마음, 예수님의 마음을 갖게 된 것입니다.

욥은 하나님의 임재를 경험하고 하나님의 임재 가운데 하나님의 음성을 듣고 하나님을 만납니다. '내가 주께 대하여 귀로 듣기만 하였사오나 이제는 눈으로 주를 뵈옵나이다(욥 42:5)'

욥은 그전에도 하나님을 알았습니다. 하지만 고난의 시간을 통과하면서 하나님을 새롭게 체험하고 경험하면서 하나님을 알게 되고 하나님을 깨닫습니다. 무슨 차이가 있는 것일까?

우리가 지식으로 아는 것과 경험으로 아는 것에는 차이가 있습니다. 욥은 전에도 하나님에 대해서 잘 알고 있었지만, 그것은 지식으로 아는 하나님이었습니다. 그러나 고난을 통해 하나님의 중보자를 새롭게 경험하면서, 그리고 그 중보자의 임재를 경험하면서 욥은 변화되었습니다. 욥은 고난을 통해, 위로받기 원하던 자에서 위로하는 자로 변하였고, 도움을 받기 원하는 사람에서 도움을 주는 사람으로 변하였고, 나를 채우기 원했던 사람에서 남을 채우기 원하는 사람으로 변화되었습니다. 이것이 고난이 우리에게 주는 유익입니다. 고난을 통해서만 알 수 있는 부분들이 있습니다.

Writing Jesus · Reading Jesus · **Sharing Jesus** · Praying Jesus

❶ 나는 고난의 한가운데서도 나를 위하여 말씀하시는 '중보자'를 믿고 의지하고 있는가?

욥은 절망의 끝에서조차 "나의 증인이 하늘에 계시고 나의 중보자가 높은 데 계시다"고 고백합니다. 이 고백은 그리스도 예수 안에서 완전히 성취된, 하늘의 중보자를 가리키는 선포입니다.

나는 억울함이나 고통 속에서 스스로를 변호하려 들기보다, 하나님 앞에서 예수 그리스도를 의지하는가? 나의 모든 사정을 아시고 변호해 주시는 중보자를 신뢰하고 있는가?

❷ 나는 부활의 소망을 실제 삶의 고난 속에서 붙잡고 살아가고 있는가?

욥은 고난의 이유를 이해하지 못하면서도, "내가 육체 밖에서 하나님을 보리라"고 부활의 신앙을 고백합니다. 그는 고난보다 더 큰 실재, 곧 살아 계신 구속자를 바라봅니다.

내 삶에 있는 이해할 수 없는 아픔과 고통을 부활의 소망으로 바라보고 있는가? 오늘의 고난보다 영원한 생명을 더 무게 있게 붙잡고 살아가고 있는가?

Writing Jesus · Reading Jesus · **Sharing Jesus** · Praying Jesus

❸ 나는 이제, 중보자 되신 예수님처럼 '중보하는 삶'으로 나아가고 있는가?
욥은 중보자가 되어 주실 분을 간절히 바라보았고, 결국 마지막에는 친구들을 위해 중보하게 되는 사람으로 변화됩니다. 예수님은 우리를 위해 중보하실 뿐 아니라, 예수님 안에서 우리도 중보자로 세우십니다.

 나는 누군가를 위해 기도하며 그들의 고통과 연약함을 하나님께 아뢰는 '중보자'의 자리에 서고 있는가? 고통 속에서 내가 만난 은혜를 통해, 다른 이들을 위로하고 회복시키는 도구로 살아가고 있는가?

사랑하는 여러분! 혹시 고난 가운데 계십니까? 갑작스러운 질병으로 고통 가운데 계신 분이 있으십니까? 치료의 능력은 예수 그리스도께 있습니다. 예수 그리스도 그분만이 우리를 중재하시고 그분만이 우리를 치료하시고 그분만이 우리를 새롭게 하십니다.

또한, 하나님께서는 우리가 겪은 아픔과 고난을 통해 다른 사람들을 이해하고 변화되고 그들을 감싸 줄 수 있는 중보자로 우리를 만들고 계십니다. 이것이 은혜의 선순환입니다.

하나님 아버지!
고난 속에서도 나를 위해 중재하시고 변호하시는
예수 그리스도가 계심을 감사합니다.
욥처럼 답답하고 외로울 때에도
나를 위해 기도하시는 주님을 바라보게 하시고,
성령의 도우심을 따라 다시 일어나게 하옵소서.
나를 이해해 주시는 주님을 만난 기쁨으로
이제는 나도 예수님의 도우심으로
다른 이들을 위해 중보하는 자로 살게 하옵소서.
예수 그리스도의 이름으로 기도드립니다. 아멘!

Writing Jesus · Reading Jesus · Sharing Jesus · **Praying Jesus**

20 Writing Jesus · Reading Jesus · Sharing Jesus · Praying Jesus

 아픈 상처를 안고 하나님 앞으로 가다

시편 55:1-23

¹ 하나님이여 내 기도에 귀를 기울이시고 내가 간구할 때에 숨지 마소서 ² 내게 굽히사 응답하소서 내가 근심으로 편하지 못하여 탄식하오니 ³ 이는 원수의 소리와 악인의 압제 때문이라 그들이 죄악을 내게 더하며 노하여 나를 핍박하나이다 ⁴ 내 마음이 내 속에서 심히 아파하며 사망의 위험이 내게 이르렀도다 ⁵ 두려움과 떨림이 내게 이르고 공포가 나를 덮었도다 ⁶ 나는 말하기를 만일 내게 비둘기 같이 날개가 있다면 날아가서 편히 쉬리로다 ⁷ 내가 멀리 날아가서 광야에 머무르리로다 (셀라) ⁸ 내가 나의 피난처로 속히 가서 폭풍과 광풍을 피하리라 하였도다 -중략- ¹² 나를 책망하는 자는 원수가 아니라 원수일진대 내가 참았으리라 나를 대하여 자기를 높이는 자는 나를 미워하는 자가 아니라 미워하는 자일진대 내가 그를 피하여 숨었으리라 ¹³ 그는 곧 너로다 나의 동료, 나의 친구요 나의 가까운 친우로다 ¹⁴ 우리가 같이 재미있게 의논하며 무리와 함께 하여 하나님의 집 안에서 다녔도다 ¹⁵ 사망이 갑자기 그들에게 임하여 산 채로 스올에 내려갈지어다 이는 악독이 그들의 거처에 있고 그들 가운데에 있음이로다 ¹⁶ 나는 하나님께 부르짖으리니 여호와께서 나를 구원하시리로다 ¹⁷ 저녁과 아침과 정오에 내가 근심하여 탄식하리니 여호와께서 내 소리를 들으시리로다 ¹⁸ 나를 대적하는 자 많더니 나를 치는 전쟁에서 그가 내 생명을 구원하사 평안하게 하셨도다 -중략- ²² 네 짐을 여호와께 맡기라 그가 너를 붙드시고 의인의 요동함을 영원히 허락하지 아니하시리로다 ²³ 하나님이여 주께서 그들로 파멸의 웅덩이에 빠지게 하시

Writing Jesus · Reading Jesus · Sharing Jesus · Praying Jesus

20
Writing Jesus · Reading Jesus · Sharing Jesus · Praying Jesus

리이다 피를 흘리게 하며 속이는 자들은 그들의 날의 반도 살지 못할 것이나 나는 주를 의지하리이다

¹ Listen to my prayer, O God, do not ignore my plea; ² hear me and answer me. My thoughts trouble me and I am distraught ³ at the voice of the enemy, at the stares of the wicked; for they bring down suffering upon me and revile me in their anger. ⁴ My heart is in anguish within me; the terrors of death assail me. ⁵ Fear and trembling have beset me; horror has overwhelmed me. ⁶ I said, 'Oh, that I had the wings of a dove! I would fly away and be at rest— ⁷ I would flee far away and stay in the desert; Selah ⁸ I would hurry to my place of shelter, far from the tempest and storm.' (……) ¹² If an enemy were insulting me, I could endure it; if a foe were raising himself against me, I could hide from him. ¹³ But it is you, a man like myself, my companion, my close friend, ¹⁴ with whom I once enjoyed sweet fellowship as we walked with the throng at the house of God. ¹⁵ Let death take my enemies by surprise; let them go down alive to the grave, for evil finds lodging among them. ¹⁶ But I call to God, and the LORD saves me. ¹⁷ Evening, morning and noon I cry out in distress, and he hears my voice. ¹⁸ He ransoms me unharmed from the battle waged against me, even though many oppose me. (……) ²² Cast your cares on the LORD and he will sustain you; he will never let the righteous fall. ²³ But you, O God, will bring down the wicked into the pit of corruption; bloodthirsty and deceitful men will not live out half their days. But as for me, I trust in you.

Writing Jesus · Reading Jesus · Sharing Jesus · Praying Jesus

Writing Jesus · **Reading Jesus** · Sharing Jesus · Praying Jesus

아픈 상처를 안고 하나님 앞으로 가다

　우리가 인생을 살아가다 보면, 배반이나 배신을 당할 때가 있습니다. 그리고 실망과 좌절을 경험할 때도 있습니다. 다른 사람이 나에게 의도적으로 그런 일을 할 때도 있지만 어떤 때는 나 혼자 기대를 했다가 그 기대만큼 이루어지지 않아서 괜스레 스스로 실망하기도 합니다. 상대방은 뭐라고 한 적이 없는데도, 나 혼자 꿈꾼 나의 바람대로 충족되지 않을 때 우리는 실망하고 배신감까지 느낄 수도 있습니다. 이런 소극적인 실망이나 배신도 있지만, 진짜 배신은 누군가 의도적으로 작정하고 나의 뒤통수를 치거나 내 등에 칼을 꽂는 일일 것입니다.

　지금 다윗이 처해 있는 상황이 바로 이런 상황입니다. 너무나 고통스러운 배반과 배신 속에서 어찌할 바를 몰라 하나님 앞에 나아가는 다윗의 모습이 시편 55편에 담겨 있습니다. 다윗은 누구에게 이렇게나 큰 실망과 배신을 당한 것일까요?

　압살롬이라는 사람이 있습니다. 그는 다윗이 가장 사랑하는 아들이었고, 내심 다윗이 자신의 후계자로 생각했을 만큼 기대가 컸습니다. 그리고 압살롬

역시 왕의 심장을 가진 자라고 해도 과언이 아닐 만큼, 야망도 있고 꿈도 있고 능력도 있는 사람이었습니다. 압살롬은 언젠가부터 백성들의 마음을 훔치기 시작합니다. 성문 곁에 앉아 백성들의 억울한 상황을 도와주겠다고 호의를 베푸는 것 같았지만, 사실은 다윗에게로 향하는 백성의 마음을 자기에게로 끌어오기 위해 현혹하고 미혹했던 것입니다. 그리고 아버지 다윗을 죽이고 자기가 왕이 되겠다고 반역을 꿈꿉니다. 그 반역의 과정에 또 한 사람이 등장하는데, 그 사람은 다윗의 가장 친한 친구이자 다윗의 책사, 전략가였던 아히도벨이라는 사람입니다. 그는 다윗이 가장 신뢰했던 믿음의 조언자였고, 예배의 동반자이기도 했습니다. 그러나 아히도벨의 충성심은 어느 날부터인가 압살롬에게로 향하게 됩니다. 그는 자기가 세웠던 왕을 자기 손으로 무너뜨리기 위한 전략을 짜기 시작합니다. 배반도 이런 배반이 없습니다.

아들과 사랑하는 친구가 자기를 향해 실질적으로 배신의 칼을 들이대는 상황 속에서 다윗은 도망치고 싶어 합니다. 이 모든 상황을 피하고 싶고, 날개가 있다면 어디론가 멀리 날아가고 싶은 심정입니다. 믿음의 동역자였던 친구가 자기의 몰락을 바라고 반역의 꿈을 꾸는 자가 되었을 때, 다윗은 이렇게 절규합니다.

'만일 내게 비둘기 같이 날개가 있다면 날아가서 편히 쉬리로다 내가 멀리 날아가서 광야에 머무르리로다(시 55:6-7)'

다윗이 얼마나 괴로웠을까 생각해 보면, 말로 표현할 수 없는 다윗의 깊은 고통과 괴로운 심정이 밀려오는 것을 느끼게 됩니다. 이 시편은 다윗의 깊은 고통을 담고 있지만, 이것은 다윗 한 사람의 고통을 표현하는 것이 아니라, 사실은 구속사의 중심을 향해 나아가고 있음을 깨닫게 됩니다. 다윗의 깊은 고난과 고통은 예수님의 고난과 맞물려 있습니다. 그리고 예수님의 고난 안에서 우리는 위로를 얻고 소망을 찾게 됩니다.

우리 마음의 가장 깊은 상처는, 많은 경우에 가장 가까운 사람에게서 받게 됩니다. 그래서 다윗은 이렇게 노래합니다.
'나를 책망하는 자는 원수가 아니라 원수일진대 내가 참았으리라 나를 대하여 자기를 높이는 자는 나를 미워하는 자가 아니라 미워하는 자일진대 내가 그를 피하여 숨었으리라 그는 곧 너로다 나의 동료, 나의 친구요 나의 가까운 친우로다 우리가 같이 재미있게 의논하며 무리와 함께하여 하나님의 집 안에서 다녔도다(시 55:12-14)'
다윗은 '너는 나의 동료, 나의 친구, 하나님의 집 안에서 재미있게 의논하며 함께한 가까운 친우'라고 말합니다. 우리는 서로를 축복하고 하나님을 향해 함께 예배하며 서로를 위해 기도하던 믿음의 동역자가 아니었느냐고 하는 다윗의 이 절규는 아히도벨을 향한 다윗의 통곡입니다.

이처럼 다윗이 모든 것을 함께하며 함께 나누고 싶었던 아히도벨은, 지금 다윗을 향해 칼끝을 겨누고 있습니다. 지금 다윗이 당한 이 배신은, 사실 예수님께서 당하실 배신을 우리에게 미리 보여 주고 있고, 우리는 예수님의 깊은 상처를 보게 됩니다. 요한복음 13장 21-26절에 보면, 예수님께서 심령이 괴로워 증언하여 이르시되 내가 진실로 진실로 너희에게 이르노니 '너희 중 하나가 나를 팔리라' 말씀하셨고, '주여 누구이니까' 묻는 제자들을 향해 예수께서 대답하시되 '내가 떡 한 조각을 적셔다 주는 자가 그니라' 하시고 곧 한 조각을 적셔서 가룟 시몬의 아들 유다에게 주셨다'라고 기록하고 있습니다. 여기서 '떡 한 조각을 적셔다 주다'라는 표현은 그만큼 가깝고 친밀하다는 것입니다. 유다는 예수님의 제자였고, 함께 식사 교제를 나누던 자였고, 예수님께서 친히 그의 발을 씻겨 주셨던 사람이었습니다. 그런 그가 예수님을 은 삼십에 팔아넘겼습니다.

우리는 예수님을 생각할 때, 예수님은 하나님의 아들이시고 우리와는 차원이 다르신 분이시니 마음에 상처 같은 것은 없으실 것 같지 않습니까? 하지만, 예수님은 우리와 똑같은 심정을 가지신 분이십니다. 우리가 경험하는 모든 감정, 배신과 상처의 아픔을 예수님도 똑같이 깊이 느끼시기에 예수님은 우리의 심정을 너무나 잘 헤아려 주실 수 있습니다. 예수님의 괴로운 심정을 지금은 다윗이 똑같이 느끼고 있습니다. 다윗이 얼마나 답답하면 이렇게 읊조리고 있는 것일까요? '나는 말하기를 만일 내게 비둘기같이 날개가 있다면 날아가서 편히 쉬리로다 내가 멀리 날아가서 광야에 머무르리로다 (셀라)(시 55:6-7)'

예수님께서도 이렇게 말씀하십니다. '내 마음이 심히 고민하여 죽게 되었으니(막 14:34)' 너무나 고통스러워 죽을 것 같은 예수님의 심정을 혹시 경험해 보신 분이 계십니까? 내 마음이 너무나 고통스러워 죽을 것 같고, 아니 정말 죽고 싶은 그런 마음이 들 때도 오죽하면 이렇게 기도하셨을까요?
'아빠 아버지여 아버지께서는 모든 것이 가능하오니 이 잔을 내게서 옮기시옵소서(막 14:36a)'
다윗은 날개 달고 광야로 날아갔으면 좋겠다고 하고, 예수님은 이 잔이 내게서 옮겨졌으면 좋겠다고 말합니다.
다윗이 광야로 가고 싶다고 하는 것은 마냥 도피하고 잊어버리고 싶어서 하는 표현일까요? 아닙니다! 다윗이 광야를 말할 때는 광야에 특별한 의미가 있기 때문입니다. 다윗에게 광야는 자신의 믿음을 새롭게 재정비하는, 신앙을 재구성하는 장소입니다. 우리가 성경을 통해 알고 있는 것처럼, 다윗은 광야 생활을 참 많이 했습니다. 사울에게 쫓겨 다닐 때 사울에게서 피하여 하나님과 함께 교제했던 장소가 바로 광야입니다. 다윗은 그 광야에서 사람이 아니라 하나님을 의지하는 법을 배웠고, 왕이기 이전에 하나님의 종이라는 사실을 훈련하였습니다. 그 광야에서 다윗은 사람들의 지지보다 하나님의 임재를 더 깊이 느꼈습니다.

겉모습은 화려하지만, 갖은 모략과 술수와 사람들의 이해관계가 맞물려 있는 왕궁에 비해, 광야는 거칠고 황폐하지만, 그곳에는 기도와 침묵이 있고 고독과 하나님의 임재가 있습니다. 그래서 역설적으로 다윗에게 광야는 평안의 상징이 됩니다. 자기가 가장 사랑했던 아들과 가장 믿었던 친구의 배신으로 결정타를 맞은 다윗, 환호하던 백성들조차 한순간에 돌아서 버린 현실, 이 모든 상황 속에서 지금 다윗은 위기의 때마다 무너진 자아를 내려놓고 믿음으로 다시 새롭게 세워졌던 그 회복을 경험하고 싶어 합니다. 우리는 다윗의 이런 모습을 통해 한 가지 교훈을 얻게 됩니다. 가장 고독한 자리가 가장 거룩한 자리입니다! 다윗은 단순한 현실 도피가 아니라 하나님을 가장 깊게 만났고, 훈련받던 그 은혜의 때를 사모하며 은혜의 하나님 앞으로 나아가고 싶어 합니다.

오늘날 마찬가지입니다. 가정공동체나 교회 공동체, 다락방 공동체와 같은 영적 공동체는 가장 은혜로운 공동체이지만, 더 조심하고 배려해야 하는 영적 전쟁터가 될 수 있습니다. 그때 우리는 기억해야 합니다. 예기치 못하게 훅 들어온 아픔과 상처 속에서 사람을 탓하며 내 자아의 고통의 감옥 속에 혼자 갇혀 버릴 것인가 아니면 내가 울면서라도 하나님 앞에 나아가고 그분께 맡길 것인가 선택할 수 있습니다. 사람을 찾기 이전에 하나님을 찾아 그 앞에 나갈 수 있기를 축복합니다.

본문은 울림과 공감을 줍니다. 가족 안에서, 교회 공동체 안에서, 학교나 직장에서 가장 믿었던 사람에게 배신당할 때, 또는 내가 꿈꿨던 일들이 막히고 내가 계획하던 일들이 어그러졌을 때, 내 건강이 하루아침에 무너지거나 상상조차 할 수 없는 뜻밖의 소식을 듣게 되었을 때, 우리의 마음에 무언가 배신당한 느낌이 들 수 있습니다. 그러나 여러분, 기억하십시오! 그때가 바로 다윗처럼, 우리가 하나님 앞에 나아갈 때입니다. 다윗도, 예수님도 그 순간 도망치지 않았습니다. 다윗도, 예수님도 하나님 앞에 나아가 기도하며 하나님께 맡겨드렸습니다. 다윗은 비둘기같이 날개가 있다면 멀리 날아가고 싶다고 말했지만, 그는 하늘을 우러러 울부짖으며 자기 자신을 향해 이렇게 선포합니다.
'네 짐을 여호와께 맡기라 그가 너를 붙드시리라(시 55:22a)'
다윗의 마음은 날아가고 싶었지만, 자신을 향하여 '네 짐을 여호와께 맡기라 그가 너를 붙드시리라!' 선포했던 것처럼, 예수님께서는 '이 잔을 내게서 옮기시옵소서!'라고 말씀하셨지만, 그다음에는 '아버지여 만일 할 만하시거든 이 잔을 내게서 지나가게 하옵소서 그러나 나의 원대로 마시옵고 아버지의 원대로 하옵소서(마 26:39)' 이렇게 말씀하셨습니다. 예수님께서는 도망가지 않으시고 그 자리를 지키셨고 하나님의 뜻에 맡기셨습니다.

우리가 기억해야 할 것이 있습니다. 우리는 어려움을 직면할 때, 피하고 싶어 합니다. 그러나 순종하고 맡기는 것이 믿음입니다. 왜 그럴까요? 우리의 진짜 피난처는 하나님이시기 때문입니다.

'저녁과 아침과 정오에 내가 근심하여 탄식하리니 여호와께서 내 소리를 들으시리로다(시 55:17)'

다윗은 하루 종일 근심하고 탄식하며 하나님 앞에 눈물 흘릴 수밖에 없는 상황이지만, 하나님께서 내 소리를 들으실 것이라고 기대하고 있습니다. 그리고 자기 자신에게 이렇게 말합니다.

'네 짐을 여호와께 맡기라 그가 너를 붙드시고 의인의 요동함을 영원히 허락하지 아니하시리로다(시 55:22)'

이 말씀은 놀랍게도 우리를 향한 하나님의 말씀이 됩니다.

사랑하는 여러분!

믿음은 고통없는 삶을 약속하는 것이 아닙니다. 믿음은 그 고통 가운데서도 우리가 넘어지지 않도록 붙드시는 하나님을 약속하는 것입니다. 하나님께 짐을 맡기는 것은 다윗만이 아니라 예수님께서도 경험하신 것입니다.

'예수께서 큰 소리로 불러 이르시되 아버지 내 영혼을 아버지 손에 부탁하나이다 하고 이 말씀을 하신 후 숨지시니라(눅 23:46)'

다윗은 하나님께 짐을 맡기라고 하고, 예수님께서는 당신의 영혼을 하나님 손에 맡기십니다. 그리고 놀랍게도 하나님께서는 이 기도에 응답하십니다. 다윗을 다시 회복시키셨고, 예수님을 부활하게 하셨습니다. 우리에게 소망이 있는 이유는 다윗을 부르신 하나님께서 우리를 부르시고 구원하셨기 때문입니다. 예수님을 보내신 하나님께서 우리를 예수 안에서 자녀로 삼으셨기 때문입니다. 우리가 하나님께 온전히 맡길 때, 하나님께서는 응답하십니다. 내가 붙들고 있으면 고통이지만, 하나님께 맡겨 드리면 능력이 됩니다.

인생의 짐이 있으십니까? 주님께서는 '네 짐을 하나님께 맡기라!'라고 말씀하십니다.

어떻게 맡겨야 하는 것일까요?

첫째는 우리의 감정을 숨기지 않고 기도로 풀어내는 것입니다. 믿음은 감정을 숨기는 것이 아니라 하나님 앞에 그 감정을 고스란히 올려드리는 것입니다. 그래서 다윗은 '내가 성내에서 강포와 분쟁을 보았사오니 주여 그들을 멸하소서 그들의 혀를 잘라 버리소서(시 55:9)' 이렇게까지 솔직하게 표현하고 있습니다. 그만큼 답답한 자기의 마음을 하나님께 하소연한것입니다.

둘째는 내 방식대로 해결하려고 시도하지 않는 것입니다. 내가 문제를 해결해야 한다는 강박에서 벗어나야 합니다. 그 문제 앞에서 잠깐 멈추고 즉각적인 반응을 유보하는 것입니다.

셋째는 말씀을 신뢰하고 붙드는 것입니다. '주의 말씀은 내 발에 등이요 내 길에 빛이니이다(시 119:105)' 우리가 말씀을 붙든다는 것은 지금 당장의 감정으로 문제를 해결하려고 하지 않는다는 것입니다. 성도의 능력은 지레짐작이 아니라 말씀으로 그 문제를 해석하려고 하는 것입니다. 하나님께서 나와 함께하신다고 하셨으니 이 문제는 하나님께서 해결하시고 정리하시겠구나, 이것이 하나님께 나의 짐을 맡겨 드리는 것이고, 내려놓는 것이고, 하나님을 신뢰하는 것입니다. 🌰

Writing Jesus · Reading Jesus · **Sharing Jesus** · Praying Jesus

❶ 나는 상처와 배신을 하나님께 토로하고, 그분께 맡기고 있는가?

다윗은 가장 가까운 사람에게 받은 깊은 배신의 상처를 숨기지 않고 하나님 앞에 토로합니다. 그는 자신을 공격한 사람들을 향해 직접 보복하지 않고, 하나님께 모든 상황을 고백하며 의탁합니다.

나 역시 상처와 배신을 경험할 때, 그것을 하나님께 정직하게 털어놓고 있는가? 그 상처를 스스로 해결하려 하기보다 하나님께 맡기며 기다리는가?

❷ 나는 고난의 순간에 하나님을 도피처로 삼고 있는가?

다윗은 "나는 광야로 날아가고 싶다"고 말할 정도로 현실의 고통을 피하고 싶었지만, 결국 "나는 하나님께 부르짖는다"는 결론에 도달합니다. 그의 도피는 도망이 아니라, 하나님 안으로 피하는 믿음의 선택이었습니다.

나는 감당할 수 없는 고통 앞에서 어디로 피하고 있는가? 그 피난처가 사람이나 물질, 쾌락이 아닌 하나님이 되도록 내 시선을 돌리고 있는가?

Writing Jesus · Reading Jesus · **Sharing Jesus** · Praying Jesus

❸ 나는 하나님의 심판과 정의를 신뢰하며, 원수 갚는 일을 맡기고 있는가?

다윗은 악인에 대한 공의로운 하나님의 심판을 간구하면서도, 스스로 복수하지 않고 끝까지 하나님의 개입을 기다립니다. 그의 믿음은 '하나님이 행하신다'는 신뢰로부터 비롯됩니다.

 나는 억울한 일을 당했을 때, 스스로 해결하려 하지 않고 하나님의 공의를 기다리는가? 하나님의 시간과 방식에 나의 감정을 맡기고 있는가?

사랑하는 여러분, 비둘기같이 날아가버리고 싶은 현실 앞에 놓여 계십니까? 가정에서 교회 공동체에서, 또 다락방 공동체 안에서, 친구 관계 가운데 상처나 어려움이 있으십니까? 내 힘으로 도저히 감당할 수 없는 뜻밖의 상황 가운데 있으십니까?

살아계신 하나님께 그 짐을 맡기시기를 바랍니다. 우리의 모든 짐을 하나님께 맡기심으로 지금도 살아계셔서 약속의 말씀을 따라 개입하시고 응답하시고 역사하시는 하나님을 체험하시기를 원합니다.

하나님 아버지!
예수님이 그러셨듯이 내 짐을 주께 맡기고
아버지의 뜻에 순종하게 하옵소서.
감정을 숨기지 않고 기도로 풀어내며,
내 방식이 아니라 주님의 말씀을 신뢰하게 하시고,
광야 같은 자리에서 하나님의 임재를 깊이 경험하게 하옵소서.
내가 붙들면 고통이지만, 주께 맡기면 능력이 됨을 믿고
오늘도 모든 짐을 주님께 올려드립니다.
예수 그리스도의 이름으로 기도드립니다. 아멘!

Writing Jesus · Reading Jesus · Sharing Jesus · **Praying Jesus**

도움을 받은 책들

Reading Jesus - 그리스도 중심의 성경읽기를 따라 통독을 하며 설교를 하기 위해 다음과 같은 책의 도움을 받았습니다.

1. Reading Jesus 리딩지저스 (1권~6권 전집), WPK(웨스트민스터코리아프레스)
2. 구속사적 설교의 원리, 시드니 크레이다누스, 도서출판 학생신앙운동
3. 구약의 그리스도 어떻게 설교할 것인가, 시드니 그레이다누스, 이레서원
4. 그리스도 중심설교 이렇게 하라, 브라이언 채플. CUP
5. 모든 성경에서 그리스도를 설교하라, 데니스 존슨. 부흥과개혁사
6. 모든 성경에서 바라보는 예수, 한규삼, WPK
7. 설교자의 열심, 박영선. 규장
8. 설교학, 줄리어스 킴. 부흥과개혁사
9. 성경주해와 설교세미나(3회, 4회, 5회:이사야, 사무엘상하), 김정우. 한국신학정보연구원
10. 성령설교, 권성수. DMI
11. 평신도를 깨운다, 옥한흠. DMI
12. 하나님의 비밀, 그레고리 K.비일. 새물결플러스
13. 스펄전 설교전집, 찰스 스펄전, 크리스천다이제스트
14. 엑스포지멘터리 주석 전집, 송병헌, 도서출판 이엠
15. 사무엘서 강해, 유진 피터슨, 아바서원
16 드라마 레위기, 김경열, 두란노서원
17. 거룩: 성소와 삶 속에서 만나는 거룩하신 하나님, 김덕중, 킹덤북스
18. 시편강해 1~3, 김서택, 이레서원